21 clés pour l'amour *slow*

Fabienne Kraemer

21 clés pour l'amour *slow*

puf

Du même auteur

Je prends soin de mon couple, Puf, 2013

Solo/no solo. Quel avenir pour le couple ?, Puf, 2015

ISBN 978-2-13-073273-0

Dépôt légal — 1re édition : 2016, octobre

6, avenue Reille, 75014 Paris

À Johnnie, Mathilde et Paul-Hugo,
au nom du passé, au présent pour l'avenir.

Pour commencer, des questions

Comment réussir à aimer en ce début de XXIe siècle ? Comment construire un couple solide dans la société égoïste et consommatrice qui est la nôtre ? Comment durer ensemble dans un monde où tout change à toute vitesse ? Comment vivre à deux heureux quand l'ennui est devenu mon pire ennemi ? Comment injecter du désir dans une relation exclusive quand l'offre d'expériences différentes semble infinie ? Comment accepter profondément l'autre quand le zapping est ma culture ? Comment croire en l'amour pour toujours quand tous les autres échouent autour de moi ? Quel est le sens de l'amour aujourd'hui ? Quel est désormais l'intérêt d'être un couple ?

J'aimerais donner ici le goût d'un amour qui prend son temps et veut durer. Et pour commencer, dissipons un malentendu qui marque notre époque. Qu'est-ce que l'amour « véritable » aujourd'hui ?

Pour beaucoup, il se résume à cet élan spontané des débuts qui nous emporte et nous dirige soudain vers l'autre : nous sommes amoureux. Le cœur s'emballe, l'absence de l'autre devient vite une torture, l'autre se transforme en drogue. Tant que ce sentiment intense dure, aucune question ne se pose, seul compte le désir de le vivre intensément. C'est la phase bénie de l'état amoureux.

Mais dès que les choses se compliquent et que la force du sentiment initial diminue, le doute s'installe et l'heure du changement de partenaire ne tarde pas à sonner. Après l'euphorie et la certitude initiales, viennent rapidement la déception et la désillusion, toutes deux sources de souffrance, de questionnement et de nombreux doutes. À ce moment-là, classiquement, on s'interroge sur soi et sur sa capacité à rencontrer la bonne personne, mais aussi sur l'autre, si bien qu'à force d'échecs cumulés, un sentiment de méfiance vis-à-vis de *tous* les autres finit par naître, charriant des questions torturantes sur la vie en général et son sens en particulier.

Cette vision de l'amour sous-entend que seul le sentiment amoureux en tant que passion vaut d'être vécu et, qu'en dehors de cette sensation intense, il ne peut y avoir d'amour. Ceci nous pousse à espérer qu'il existe quelque part, pour chacun de nous, un autre avec lequel l'état amoureux durera toujours, naturellement et sans grand effort. Nous aurions donc ici-bas une, voire quelques âmes sœurs : il nous suffit de les trouver. La durée de l'amour repose ainsi sur le choix d'un autre dont le comportement rendra possible un amour éternel. L'essentiel est dans la quête de cet autre : « Comment rencontrer *la bonne personne* ? » devient la question centrale. Il s'agit de réussir le bon *match* – car dans cette logique, l'échec relève avant tout d'un mauvais choix.

D'autres – auxquels j'appartiens – pensent que l'amour véritable a peu à voir avec l'état amoureux de certains débuts. L'aventure de l'amour débute après cette phase, et parfois sans même qu'on l'ait connue. L'amour véritable est avant tout une rencontre entre deux personnes qui partagent au même moment des aspirations communes, et la rencontre est rendue possible parce qu'ils se situent l'un comme l'autre au même instant *t* de leur cheminement personnel. Pas d'âme sœur, juste une question de rythme.

Bien entendu, notre histoire et notre inconscient nous dictent nos choix, nos affinités, mais, au-delà de nos goûts, c'est le *moment* qui prend le pas. Souvent, dans les couples ainsi formés, l'un s'aperçoit que l'autre ne correspond pas ou peu à ce qu'il avait imaginé. Il y a effet de surprise. Ici, le coup de foudre n'est pas la priorité, pas plus que la passion, d'ailleurs. L'essentiel repose sur le moment de la rencontre, presque plus que sur la personne elle-même : l'amour survient parce que nous y sommes prêts, disposés à le laisser se déployer en nous, à le donner autant qu'à le recevoir, quels qu'en soient les risques.

Dans cette vision de l'amour, plus que de croiser la personne dont on rêve, il s'agit de rencontrer un autre en phase avec nos aspirations, dans le même rythme que nous. La rencontre de ce type est teintée d'une sorte d'évidence douce qui s'accompagne ou pas – et cette nuance compte – d'une fébrilité amoureuse. L'état amoureux passionnel n'est plus le signal à attendre ; le plus important est d'être à l'écoute du sentiment que notre soi s'épanouit au contact de l'autre, que par l'autre nous devenons encore plus nous-mêmes.

Dans une relation de ce type, les débuts peuvent commencer comme une histoire d'amour fébrile et intense mais, à l'inverse du sentiment amoureux tel qu'on l'entend généralement, ils ne sont rythmés ni par le chaos, ni par les angoisses de la passion. Au contraire, les démarrages sont simples, sans urgence aucune, sans souffrance, presque sans manque de l'autre. La confiance est le trait principal de cette rencontre, et elle est totale. La tranquillité et la sérénité sont les sentiments centraux : pas d'agitation, pas de doutes qui envahissent, une acceptation profonde de laisser du temps au temps. Le transport et l'enthousiasme ne sont plus les buts recherchés. Une félicité s'impose :

on se sent très bien avec l'autre, mais plus encore avec soi-même. On ne s'interroge pas sur notre façon d'être (« Ai-je la bonne attitude ? Dois-je dire ceci ou plutôt cela ? Est-ce que je lui plais ? »…) On ne craint pas de ne pas être en phase. Il y a du naturel : inutile de jouer un rôle puisqu'être soi-même est la meilleure garantie de réussite.

Au même titre, l'autre n'est pas idéalisé ou idolâtré mais seulement très apprécié(e), et le sentiment est toujours partagé. Rien ne coince, rien n'est difficile. Sans outrance amoureuse lors de la rencontre, les sentiments sont bien plus que l'amorce d'un possible espoir d'amour. Parce qu'elle est beaucoup moins imprégnée de passion ou d'élan addictif, qu'elle s'accompagne peut-être de moins de papillons dans le ventre, de moins d'emballement à proprement parler, cette infinie impression de bien-être avec et sans l'autre (car non assujetti à la présence de l'autre, ce bien-être plane plutôt dans l'air qui nous environne) ne s'accompagne pas de l'aveuglement caractéristique du coup de foudre. L'autre n'a pas tout, il lui manque clairement certaines choses que l'on pensait indispensables, mais il nous surprend. L'enthousiasme et l'adrénaline comptent moins ici que l'harmonie et l'équilibre. Rien ne presse. Puis, avec l'estampe de l'évidence, l'amour peut se construire progressivement, pas à pas : un amour d'attachement, un amour fort, profond, durable.

Ici, tout n'est qu'une question de temps : le temps d'être prêt, le temps de la rencontre d'un autre en phase avec nous ; le temps de s'attacher, le temps nécessaire à l'amour pour se déployer. En conscience et sans illusion, en acceptant l'autre pour ce qu'il est, sans projeter sur lui ou elle ce qu'on attendait qu'il soit, on peut envisager ensemble un projet durable de couple.

Cette vision de l'amour nécessite par ailleurs d'avoir pris le temps de renoncer à certaines de nos exigences, à certains de nos fantasmes, pour nous sentir gagnés petit à petit par une séduction sans emphase au travers d'une relation simple, harmonieuse et enrichissante. Il n'y a plus ici de quête de perfection ou de performance, juste une forme d'acceptation qui n'est en rien une résignation : il s'agit d'entériner que les amours de contes de fées n'existent pas, que la passion n'est pas l'amour véritable, que l'amour de l'autre est juste ce sentiment d'attachement qui nous lie, et que nos emballements cinématographiques ne sont que l'expression de nos illusions amoureuses, sorte de chimère à laquelle nous devrions peut-être accepter de renoncer.

Ainsi, si l'on s'arrête à la première façon de concevoir l'amour comme amour passion, il est probable que nos aventures amoureuses s'enchaîneront et dureront plus ou moins longtemps, déclinant les trois temps de cet état : enthousiasme débordant, tassement prévisible puis désillusion douloureuse. La déception survient presque immanquablement car les passions s'essoufflent toujours : comme le dit la chanson, « Les histoires d'amour finissent mal, en général »[1]. Dans le second cas, la naissance de l'amour durable dépend moins de l'autre que de soi-même. Il s'agit d'un travail sur soi plus que de la quête de l'autre.

À bien y réfléchir et au risque d'apparaître d'emblée rabat-joie, notre choix en amour réside peut-être entre : a) espérer inlassablement que quelque chose de fatal survienne, nous emporte et nous inonde de son évidence, quitte à passer de bras en bras, ou b) opter en conscience pour en finir avec les contes de fées et le mythe de l'âme sœur pour mieux apprendre à devenir un être aimant, capable d'un amour durable. Il s'agirait dès lors d'en faire consciemment un projet personnel, et de l'élever dans l'échelle de nos priorités afin d'y consacrer l'énergie, la détermination et le temps nécessaires.

On me rétorquera que cette vision de l'amour oblige à certains renoncements difficiles, qu'elle inspire peu d'enthousiasme, qu'elle s'abandonne au désenchantement, et qu'elle marque le retour en arrière vers un amour de raison…

Il n'en est rien. La recherche de l'amour véritable est bien l'avenir de l'amour au XXIe siècle, un chemin

1. Chanson du groupe Rita Mitsouko, « Les histoires d'amour », Parlophone/Warner Music, 1986.

de modernité. Les différences entre ces deux visions de l'amour résument les causes des difficultés actuelles que rencontrent nos projets sentimentaux. « Aimer » va bien au-delà de la cellule initiale du couple : c'est une vertu plus générale, le couple n'en étant que l'école d'apprentissage. De notre façon d'aimer l'autre dans notre couple, dépend aussi notre capacité à injecter de l'amour dans notre société en carence.

Ici se situe peut-être une responsabilité individuelle qui dépasse le simple cadre de nos relations à deux. Quel « aimant » suis-je ? Ne devrions-nous pas passer d'une vision utopique d'un amour inné à celle, conscientisée et construite, d'un apprentissage à aimer durablement ? Et si, finalement, nous avions plus que jamais besoin d'apprendre à aimer ? Car aimer n'est pas ce sentiment inné que nous présupposons souvent, ni cet état amoureux qu'on aimerait voir durer toujours, ni une évidence qui nous guérirait de bien des maux et se poursuivrait sans effort, avec pour seule réserve d'être avec « la bonne personne ». Aimer est une volonté, un acharnement, un choix, une éthique, une aventure, et au final une responsabilité.

Aujourd'hui, le constat est parlant : nous nous aimons mal. L'insatisfaction affective ne cesse de croître. Une majorité des couples se délitent très vite alors qu'en parallèle, d'autres rencontrent des difficultés à se former, chacun craignant de souffrir ou d'étouffer.

Les célibataires (ou « solo »), qui ne cessent d'augmenter, ne comprennent pas toujours ce qu'il leur arrive. Persuadés d'être prêts à rencontrer l'amour, la plupart ne le voient cependant pas surgir. D'autres sont si déçus par des échecs successifs que, blasés, ils finissent par ne plus y croire[1].

Et si tout était une question de *temps* ? Et si l'accélération de notre société, à tous les niveaux, favorisée par une communication à la puissance démultipliée, ne nous permettait plus de prendre le temps d'aimer ? Et si le temps nous manquait dès le moment de la rencontre, alors qu'elle a de plus en plus lieu autour d'un verre rapide ? Et si nos démarrages, en brûlant les étapes, ne nous donnaient plus le temps de nous découvrir ? Et si nos rythmes fous ne nous permettaient pas de nous attacher l'un à l'autre ? Et si nos histoires présentes pâtissaient du poids de nos passés (car il est également nécessaire de prendre le temps de faire le deuil des amours anciens) ? Et si l'autre que l'on attend n'était pas à venir mais déjà là, ici et maintenant à vos côtés, sauf que vous n'avez pas encore pris le temps de poser un vrai regard aimant sur elle ou lui ? Et si…

Partis sur des bases douteuses, des attentes irréalistes et un schéma erroné, nos couples s'essoufflent avant même d'avoir eu le temps de s'ancrer. L'heure est venue

1. Je me permets de renvoyer à mon précédent ouvrage *Solo/no solo. Quel avenir pour l'amour ?*, Paris, Puf, 2015.

d'envisager d'apprendre à aimer avec l'esprit de modération et de lenteur auquel nous invite le *slow*. Dans les 21 clés qui suivent, j'espère que vous trouverez des réponses à toutes ces questions.

1

Slow

La planète s'essouffle et nous oblige à réfléchir de toute urgence au ralentissement, au *slow*[1] (lent, en anglais). Emportés par l'ère de l'immédiateté, conséquence directe de l'accélération numérique, et étouffés par nos habitudes d'une surconsommation élevée à l'échelle mondiale, nous observons que notre climat se réchauffe, que nos sols s'appauvrissent, que nos pôles fondent, que nos économies souffrent. En parallèle et à l'échelle de l'individu, nous faisons face au surgissement de nouveaux phénomènes psychologiques comme le *burn-out*, ce mal du siècle qui nous guette au travail. Notre niveau d'insatisfaction psychologique augmente : nous supportons de moins en moins

1. Le mouvement *slow* est né dans les années 1980 en réponse au stress croissant de l'époque, et prône le ralentissement dans quelques grandes activités humaines : *slow food, slow cities, slow travel, slow money, slow sex*…

bien la plus petite des frustrations, on observe que les addictions n'ont jamais été aussi fréquentes et que, plus généralement, le moral de nos pays avancés est en berne. Puisque toutes nos relations semblent se tendre, nos cohabitations amoureuses n'échappent pas à la règle et deviennent plus périlleuses.

Nos vies voient se succéder toutes sortes de crises, au plan économique, environnemental, culturel, psychologique et donc personnel. Dans nos consultations de psys, nous constatons que les amours s'éparpillent, que les foyers se fracturent, que les familles se décomposent et se recomposent, mais surtout que l'insatisfaction affective fait souffrir davantage.

Au reste, notre société affiche ses excès en tout genre : nous vivons sous la dictature de l'avoir, sous le règne du « trop ». En réponse à nos demandes insatiables, l'offre est pléthorique en tout. Tant du point de vue économique qu'informatif ou culturel, et même sur le plan affectif, nous sommes submergés par la multiplicité des choix, des sollicitations, des tentations. L'opulence déborde nos capacités à nous concentrer, à comprendre, à apprendre – et aussi à aimer. Un parallèle très clair existe entre l'état de notre société, celui de notre environnement, et les difficultés affectives chaque jour plus importantes, plus précoces et plus fréquentes, qui se dévoilent au cœur de nos consultations de thérapeutes : la course effrénée à la vie, à l'amour ou à la consommation contraste avec l'essoufflement massif de nos enthousiasmes et de nos naïvetés. Soucieux de ne rater aucune opportunité, obnubilés par le désir de vivre au maximum, nous prenons conscience de ne rien saisir de concret dans la durée.

Ainsi, à l'heure numérique de la rencontre amoureuse, des candidats toujours plus nombreux et accessibles d'un simple clic nous empêchent souvent de nous consacrer à un seul, car on craint de passer à côté d'un autre. Les célibataires ne savent plus où donner de la tête dans les grandes surfaces de l'amour que proposent les nouvelles technologies. Obsédés par la peur de se tromper de partenaire, les amoureux s'engagent au coup par coup, multiplient les CDD[1] affectifs, paniquent à l'idée de l'engagement, et défendent que l'exclusivité en amour est *has been*. La multiplication des expériences en tout genre – rencontres d'un soir, histoires brèves, excentricités sexuelles, essais de vie à deux avortés, tentatives de mariage échouées – assèche nos cœurs, qui deviennent de plus en plus impénétrables, comme blindés par la peur de souffrir encore. Les rencontres comme les ruptures se banalisent, les sentiments sont tièdes, les tristesses aussi. Une grande majorité de couples ne durent plus et vivent l'échec comme une fatalité. Résignés à l'avance, ces couples-là

1. Contrat à durée déterminée.

finissent par accepter comme inévitable l'échec à venir de leur belle histoire de départ.

Brassés par une société hyperactive et pressée, mus par l'obsession de ne pas perdre de temps dans un monde dont le rythme effréné nous dépasse, nous sommes avant tout victimes d'une accélération de la vie qui ne convient plus à nos normes biologiques. Si les vitesses de communication ou de déplacement s'accélèrent, mon cœur bat toujours à quatre-vingt pulsations/minute en moyenne, mon influx nerveux véhicule à mon cerveau les informations à la vitesse maximale de cent mètres par seconde, mon souffle oscille entre douze et vingt oscillations par minute, la réponse de mes muscles prend de l'ordre de dix millisecondes. J'ai besoin du temps nécessaire pour tous mes apprentissages : pour lire, pour marcher, mais aussi pour m'attacher, pour arriver à l'orgasme, pour mener à bien une grossesse, pour manger, pour préparer mon repas, pour faire ma séance de yoga : en bref, pour vivre, au sens biologique du terme.

Tout comme la nature nous rappelle à l'ordre du côté de la planète, du climat et des ressources, notre condition naturelle d'humains – c'est-à-dire l'animal que nous sommes – nous alerte sur notre épuisement, sur les risques de ces sur-stimulations pour notre santé, et les conséquences de la fatigue ou de la lassitude. Ce faisant, elle nous propose de nous interroger sur l'avenir d'une vie menée à bout de souffle.

Et si l'urgence écologique n'est plus la seule lubie de quelques illuminés post-soixante-huitards isolés sur un plateau du Larzac mais bien une réalité angoissante, nos relations affectives pâtissent au même titre (voire en parallèle) de nos consommations excessives, de l'épuisement de nos ressources nerveuses personnelles, de notre manque de respect d'autrui, de notre égoïsme forcené et de nos narcissismes numériques.

Le *slow* est une invitation à ralentir nos rythmes, nos consommations, nos façons d'agir, un mouvement raisonné pour éviter la catastrophe imminente d'ordre économique et/ou écologique et/ou affective. Faire le choix volontaire d'une culture de la durabilité, du ralentissement et du respect, ne s'arrête pas à trier nos poubelles, à acheter des voitures propres ou à prôner l'économie de partage, c'est aussi revoir notre façon de choisir et d'aimer ceux et celles qui partagent nos vies.

Refusons l'obsolescence programmée de nos amours !

2

Ralentissement

Nous sommes faits de la glaise de notre histoire. J'ai pour ma part passé la première année de ma vie dans l'arrière-boutique de la petite horlogerie-bijouterie que tenaient mes parents. C'était dans les années 1960. Mon père était horloger, comme son père avant lui, et comme son frère et l'un de ses oncles car à l'époque on exerçait un métier de père en fils… Cette arrière-boutique de l'horlogerie servait à la fois de pièce à vivre et d'atelier pour mon père. Si j'ai toujours eu un sens aigu de la notion de temps, je suis persuadée que cette première année de vie rythmée par le tic-tac et les sonneries des pendules et horloges n'y est pas étrangère. J'ai un goût prononcé pour les objets qui mesurent le temps, aussi bien celui qui passe que celui qu'il fait !

Chez certains, un sou est un sou, pour moi une seconde est une seconde. Je ne suis jamais en retard, j'aime les montres, les agendas, les calendriers, la météo… tout ce qui décompte le temps. Le temps est mon dada ! Et l'accélération du temps que nous vivons aujourd'hui, je la sens jusque dans mes veines. C'est peut-être cette sensibilité à la notion de durée qui me pousse à percevoir qu'actuellement, nous sommes dépassés. Depuis le XIXe siècle, la modernité tente d'accélérer le cours des choses, et par là nos capacités personnelles. La modernité avait pour but de nous offrir la possibilité d'une vie plus rapide. Mais, depuis une vingtaine d'années, avec l'avènement d'internet et des nouvelles technologies, nous sommes si rapides que nous nous trouvons physiologiquement dépassés.

Je n'ai rien contre les nouvelles technologies. Elles me passionnent ; je ne défends nullement que « c'était mieux avant », au contraire : internet représente l'accès à la culture pour tous, les retrouvailles avec certains dont nous avions perdu la trace, la possibilité d'être isolés sans être seuls. C'est un outil merveilleux, et nous ne sommes encore qu'aux prémisses de son règne.

Par exemple, nous sommes de plus en plus nombreux de psys à consulter à distance grâce à des logiciels comme Skype, qui révolutionnent et dépoussièrent la pratique thérapeutique, ce qui n'est pas toujours du goût de tous ! Peu importe, une telle pratique deviendra immanquablement incontournable. Consulter à distance permet de répondre au mode de vie actuel en rendant le soin plus accessible à tous, où que l'on réside, plus flexible aussi, puisque moins dépendant des déplacements. De mon bureau, je voyage avec mes patients de Paris et sa région à la Corse, du Canada à Singapour, de Londres à la Thaïlande, de Barcelone à Versailles, et même au Tadjikistan. En parallèle, j'interviens pour un site internet et pour des applications.

On peut donc épouser la cause des nouveaux médias et conserver un esprit critique. Nous n'avons pas aujourd'hui le recul suffisant pour une utilisation raisonnée et optimisée d'internet et des réseaux sociaux. La révolution numérique reste très nouvelle, presque au stade de la découverte. L'expérience est d'ailleurs si neuve qu'actuellement se côtoient des générations qui n'ont pas du tout la même approche. Les cinquantenaires ont vécu la majorité de leur vie sans internet, les trentenaires ont accompagné la naissance du phénomène, et les plus jeunes n'ont rien connu sans le net. Trois générations, trois visions obligatoirement différentes du phénomène.

Ce manque de recul – car ici encore, de temps – vis-à-vis de l'expérience internet nous conduit à subir en partie cette découverte que nous n'utilisons pas encore à bon escient. L'avenir consistera précisément à atteindre, tout en profitant des atouts du monde hyper-réactif du net, une forme de maîtrise de l'outil pour le bien de tous. Il est clair qu'une hygiène numérique doit se mettre en place pour une utilisation raisonnée du média, tant sur le plan professionnel que personnel.

Pour l'heure, la phase de découverte est propice à tous les excès. L'amour, la relation affective, le couple se trouvent parmi les victimes actuelles de nos consommations excessives.

Car notre époque porte les stigmates d'une accélération mal gérée. Les réponses à nos questions sont si immédiates que l'on peut traiter dans l'instant la plupart de nos désirs. Si durant des siècles modernisme a rimé avec accélération, désormais, il peut s'orienter vers la maîtrise du temps. Notre longévité a tellement augmenté ces dernières décennies[1] que l'on a un long temps à vivre, et presque la garantie de vivre âgé. Nous avons enfin le temps de prendre notre temps ! Et pourtant, jamais le sentiment d'en manquer, l'obsession d'en perdre et le culte de multiplier les expériences de vie n'ont été si présents ; alors que, mathématiquement, nous savons qu'une majorité d'entre nous disposera d'un temps suffisamment long pour connaître bien plus de choses que nos ancêtres.

L'accélération contemporaine nous offre donc la possibilité de faire le choix volontaire de ralentir. L'agriculture est la première activité qui, de jour en

1. En France : 77,7 ans pour les hommes, 85 ans pour les femmes (INSEE, « Espérance de vie – mortalité », *Tableau de l'économie française*, 2011).

jour, fait le choix de ce ralentissement. Même s'ils savent cultiver en masse et à grande vitesse, de plus en plus d'agriculteurs, conscients de l'épuisement des sols et de la moindre qualité des aliments produits en grande quantité, choisissent de ralentir. Les consommateurs les suivent, et le bio se développe en ouvrant des enseignes chaque jour. Les circuits courts et locaux ont les faveurs de consommateurs qui consentent à payer au juste prix des produits en échange d'une garantie de qualité et de respect écoresponsable. Dans nos assiettes, à nos domiciles, dans les transports et jusque dans la gestion de nos déchets, la voie du ralentissement est en route, car nous sommes de plus en plus nombreux à accepter de discriminer nos consommations au profit d'une meilleure qualité de vie. D'autres secteurs économiques arrivent sur ce terrain : le tourisme, l'habillement, les cosmétiques, la santé, voire les produits financiers…

Nous vivons une époque passionnante, qui, pour la première fois, fait le choix conscient de contenir le progrès en ralentissant. C'est inédit à l'échelle de l'histoire de l'humanité. Nous parvenons à une telle maîtrise que nous pouvons désormais choisir de tenir à distance la technologie et l'évaluer pour n'en garder que le bon. La conduite automobile en offre un bon exemple. Alors que nos voitures peuvent être très rapides, nous avons la maîtrise technique suffisante pour en tirer le meilleur usage par des déplacements harmonieux et agréables, qui limitent à la fois le risque d'accidents, l'impact polluant sur l'environnement et la dépense en hydrocarbure.

La modernité consistera dorénavant à dépasser la notion d'accélération systématique en tout, pour faire le choix volontaire d'une forme de modération. Le ralentissement devient tendance ; il est moderne et signe de qualité de vie. Gageons que nous trouvions les moyens de le rendre accessible à tous, le plus rapidement possible. Mais le ralentissement ne peut aller qu'avec une nouvelle forme d'économie. Cette marche à l'envers de nos désirs de consommation nous donne la liberté de nous l'appliquer à nous-mêmes : après l'ère de l'avoir, nous entrons dans celle de l'être et nous ne pouvons que nous en réjouir.

Je tiens à ajouter que la catastrophe écologique que nous vivons nous impose aussi le *devoir* de nous interroger sur ce culte de la vitesse. Par exemple, dans le domaine du sport, nous commençons à côtoyer des vitesses maximales. Il est de moins en moins probable que les records des courses à pied continueront à se succéder indéfiniment, puisque les performances humaines sont forcément limitées par notre physiologie. Nous allons donc devoir valoriser d'autres qualités. On observe déjà un nouveau découpage de l'unité de temps, qui devient une exploration fine de l'instant. Nous affinons la précision du temps pour en mesurer les moindres variations : nos appareils de mesure comptent en millièmes de secondes. Plus que d'accélérer, nous devons désormais tenter de déplier l'espace-temps.

Dans notre relation aux autres, en particulier notre désir de lien et de communication, il est fort probable que nous n'irons pas beaucoup plus vite que l'instantané que nous offre internet. Et si trouver l'amour – rencontrer l'autre – n'était que question de rythme ? Et si le moment était plus important que la personne elle-même ? L'autre ne serait alors que le reflet et l'harmonie de nos instants. Voilà pourquoi rencontrer dans le bon rythme, au bon moment, en y consacrant le temps nécessaire, est indispensable à la naissance de l'émotion.

L'amour a besoin d'un certain temps pour naître, pour commencer à exister, pour s'installer, se pérenniser et, au même titre, pour agoniser, mourir et disparaître proprement. Nos impatiences, nos sentiments d'urgence, nos zappings affectifs ne seraient-ils pas les seuls responsables de l'affadissement de nos sentiments ?

3

Rythme

La relation amoureuse est liée au rythme. Tout d'abord, pour rencontrer la bonne personne, nous avons besoin d'y être disposés. Avant la bonne rencontre, on s'égare souvent dans des méandres relationnels chaotiques. Le chemin de soi vers l'autre n'est pas tout droit, il comporte des détours. Il est parfois difficile de décrypter son propre cheminement. Il faut un certain temps pour réussir à être prêt à faire la bonne rencontre : il est fréquent de se sentir seul et désireux, coûte que coûte, de rencontrer quelqu'un, sans pour autant y être encore apte. Pour une rencontre de qualité, il nous faut accepter de cesser de s'arrêter à ceux qui nous font souffrir, ou encore de renoncer à insuffler dans nos relations nos propres diables : cela implique qu'un certain niveau de développement personnel est un préalable indispensable.

Si l'on y regarde de près, une majorité de couples vivent ensemble pour d'étranges raisons ; beaucoup se sentent insatisfaits, d'autres remettent régulièrement en question leur union. Nombreux sont ceux qui tissent des relations plus ou moins toxiques, même s'ils tentent de durer à tout prix, souvent par peur de souffrir des conséquences qu'engendrerait la séparation.

Bien peu de couples donnent envie ou servent d'exemple, mais ils existent ! Il arrive ainsi à la plupart d'entre nous de croiser la route d'un « couple espoir » où l'amour circule harmonieusement, où les frustrations sont absentes ou maîtrisées, où règnent bienveillance et harmonie, et ce depuis de nombreuses années. Certes, il est rare de rencontrer plus d'un ou deux exemples de couples comme ceux-là, mais ils suffisent à eux seuls à faire la démonstration que l'amour durable existe.

L'amour doit faire du bien, tant celui que je donne sans retenue que celui qu'on me donne et que je reçois sans méfiance. La bonne rencontre passe donc par le chemin de soi. C'est une des raisons pour lesquelles l'amour se rencontre plus facilement sur le tard. Les jeunes couples ont à relever le dur défi de finir de grandir ensemble sans se perdre l'un l'autre.

Tout est question de tempo, de rythme. Sur le chemin de l'autre, il arrive que l'on soit amené à revoir nos exigences, à modérer nos ambitions, mais aussi à lever nos craintes, ou encore à accepter de prendre des risques. Il faut du temps et de la force pour réussir à ne plus s'accrocher à quelqu'un qui ne nous convient pas, et à accepter de faire un bout de chemin plutôt seul(e) que mal accompagné(e). Il peut être très compliqué de s'extraire de relations toxiques que l'on semble parfois collectionner comme si notre vie en dépendait. Il arrive aussi que l'autre soit inconsciemment utilisé comme simple compagnon de voyage, pour aller vers *la* rencontre. Ce compagnon de route peut même être un époux ou une épouse, donc le père ou la mère de nos enfants…

Il faut beaucoup de temps pour devenir adulte, c'est-à-dire une personnalité qui a réussi à optimiser ses qualités, en s'acceptant profondément pour ce qu'il est, et qui réussit à faire des choix de vie en conscience pour ensuite les assumer.

J'aime l'image que nous ayons à disposition, chacun d'entre nous, une boîte de briques de Lego déterminée par nos origines, nos gènes, notre éducation, notre environnement. Inutile de lorgner sur la boîte du voisin, nous disposons de celle-ci et de rien d'autre. Le travail initial de développement de soi consiste à en faire le tour afin de bien explorer les différentes pièces dont nous disposons. Ensuite, il s'agit d'accepter profondément ce que nous avons, c'est-à-dire de prendre conscience que nous n'avons que cela et que nous devrons faire avec. Inutile de reprocher à *x* ou *y* nos manques, inutile aussi d'espérer échanger pour la boîte d'un autre (un frère ou une sœur, par exemple).

Une fois l'acceptation profonde faite et la connaissance de soi acquise, il nous reste la liberté de créer notre édifice, c'est-à-dire d'écrire notre vie en tenant compte de nos contraintes, de nos particularités, de nos atouts et de nos manques, en composant avec nos pièces. Libre à nous, ensuite, d'en tirer le plus grand profit en en faisant une œuvre personnelle, ou de passer notre existence à nous plaindre de ne pas avoir les pièces nécessaires pour pouvoir réussir comme on le souhaiterait. Il n'y a qu'un chemin d'épanouissement possible, c'est de devenir le meilleur de soi-même.

En fonction de nos capacités à faire plus ou moins vite le chemin de soi, nos vies amoureuses se calent sur nos rythmes. Certains trouvent très tôt l'amour qui apaise, d'autres ont besoin de temps pour réussir à s'y sentir capables, d'autres encore se perdent des années durant dans des chemins de traverse, fuyant un bonheur qu'ils redoutent ou qu'ils assimilent à un renoncement. Le vrai chemin de l'amour est le chemin de soi.

Une fois l'amour arrivé jusqu'à nous, encore faut-il ne pas le saccager, lui donner ses chances à travers le temps nécessaire à son déploiement, afin de laisser naître la possibilité d'un attachement.

L'attachement a longtemps été étudié dans le cadre de la relation mère-enfant. Les mères et leurs bébés se lient affectivement à l'aide du rythme de sécrétion de l'ocytocine, l'hormone dite de l'attachement. L'amour maternel est en partie initié par la force de la biologie, inhérente au fait de porter un enfant comme une part de soi, et à toutes les intrications chimiques sous-jacentes à la grossesse. Il est entretenu ensuite par le fait d'allaiter un enfant.

En amour, on peut observer des similitudes. L'amour entre ces deux êtres au départ totalement étrangers l'un à l'autre, mais qui peu à peu constituent un couple, repose souvent initialement sur l'alchimie du désir. Pour que l'amour dure et s'ancre, une fois que l'alchimie du désir (cette chimie inaugurale) s'estompe, il faut un certain temps pour qu'une autre « chimie » prenne le relai et crée un amour d'attachement beaucoup moins pulsionnel, mais souvent beaucoup plus solide.

Actuellement, une majorité des couples se séparent juste après la fin de la phase initiale d'emballement du temps amoureux. Outre que le nombre des séparations est en constante augmentation, on constate aussi qu'elles sont de plus en plus précoces, ne dépassant pas les trois à cinq ans de vie commune. C'est un peu comme si mère et enfant se séparaient au moment du sevrage : cela n'aurait pas de sens. Le lien n'est pas soluble dans l'évanouissement du lien chimique, il est à construire à partir de ce moment-là. L'aventure de l'amour commence alors.

Il est fort possible que, suite à l'état amoureux, nombre de couples ne se permettent pas de connaître l'amour d'attachement – et ce par impatience, par désir de gérer dans l'immédiateté leurs frustrations, et peut-être aussi par simple ignorance des réalités de l'amour. L'état amoureux n'est peut-être que le balbutiement trompeur de la relation à deux, là où l'amour durable constitue un véritable projet à deux.

Amour Slow
Bienveillance Lenteur
Responsabilité
Calme Respect
Ethique Amour
Persévérance Slow Persévérance
Bienveillance
Calme Responsabilité
Lenteur
Sens Slow Altérité
Persévérance
Ethique Lenteur Ethique Bienveillance
Respect Altérité Calme Sens
Responsabilité
Respect Amour
Altérité Sens

4

Lenteur

Je ne suis plus pressée. J'ai le temps, puisque désormais je le prends. Je refuse que l'on me vole ma lenteur, que l'on m'oblige à l'empressement. J'ai le temps de t'écouter, de te découvrir, de t'apprécier, de t'aimer.

La lenteur est une urgence actuelle. Urgence écologique, économique et numérique, à coup sûr : mais à coup sûr aussi, urgence affective. La lenteur se calibre sur le rythme de la nature de l'environnement, mais également de ma nature humaine. Le temps et son rythme subtil infusent mes veines. Je ne veux rien ignorer de son sens. La lenteur est le rythme naturel du temps.

Au XXIe siècle, ralentir s'impose comme le choix conscient le plus raisonné, le plus moderne. Il est clair que notre époque est la première à souffrir de toutes les formes de précipitations. Depuis l'avènement des nouvelles technologies, nos esprits souffrent de trop de sollicitations, de trop d'exigences. Les enfants sont trop agités, on les dits hyperactifs : on leur donne un médicament qui assomme. Les travailleurs s'écroulent, les *burn-out* se multiplient. Au travail, de plus en plus de salariés consument leurs réserves psychologiques, s'épuisent en multipliant les tâches, car on exige de chacun d'être présent sur plusieurs fronts en même temps. Au Japon, certains accros du travail ou des jeux en ligne finissent par ne plus trouver le temps de manger ou de dormir ; il arrive même que certains en meurent.

L'hyperactivité est survalorisée : plus on en fait, plus on avance vers la réussite, c'est-à-dire les promotions. Dans cette société qui tourne à l'envers, les hyperactifs sont les plus enviés. Pour peu que vous prôniez la contemplation et la lenteur, vous passez pour rétrograde, alors que la modération est le sujet le plus moderne et visionnaire qui soit, le seul à ne pas envoyer les gens dans le mur. Gare à la réflexion : si vous prenez le temps de réfléchir, on vous suspecte de ne pas être suffisamment réactif, d'être trop lent – en clair, un peu benêt.

En amour, c'est flagrant, chacun est censé devoir deviner à la première rencontre si l'autre est celui qu'il cherche. Le « coup de foudre » est le signal attendu, comme s'il devait être obligatoire. De manière totalement irrationnelle, les couples sont prêts à se fier au coup de foudre, aux dépens de l'idée de se découvrir pas à pas. L'immédiateté fait que la déception surgit à chaque instant : pas de quartier si l'autre n'a pas tout ce que l'on attend. L'exigence dans la rencontre atteint des sommets. C'est simple : l'autre doit être conforme à nos exigences, sinon il passe son tour. Tout doit être instantané, immédiat : c'est l'impatience érigée en dogme. Surtout, ne pas se sentir frustré sur quoi que ce soit, ne pas avoir à patienter ! Là où nos grands-parents essayaient d'enseigner la patience, nous fustigeons désormais la moindre lenteur.

C'est dire que ralentir équivaut dans l'inconscient collectif à un manque d'entrain, voire à une forme de paresse. Prendre le temps de la réflexion est considéré comme un « non ». Tout doit être teinté d'enthousiasme, d'emballement et d'excès. Les décisions se prennent sous le mode *on / off*. Les « peut-être » n'ont pas cours. Les achats doivent être impulsifs, les décisions immédiates, les amours réglés au premier rendez-vous, les ruptures soldées en un SMS…

Celui qui pense, qui prend le temps de faire son choix, qui préfère rendre son travail avec retard mais bien fait, qui ne répond pas immédiatement à une demande, celui-là éveille instantanément la suspicion. Ce temps supplémentaire nécessaire est mésestimé, il suscite la peur ; d'ailleurs, ne signe-t-il pas une divergence, une contestation naissante ?

En amour, on se rencontre sur son *smartphone*, on *swipe* d'un doigt vers la gauche ou la droite les *selfies* de ceux que nous propose Tinder. Tout est instantané : « ça le fait ou pas ». Les nouvelles applications de rencontres ont ringardisé les premiers sites dédiés. Là où, il y a quelques années à peine, on consacrait le temps d'un dîner ou d'une soirée à une rencontre, la nouvelle génération n'y consacre que le temps d'un verre, de crainte de s'ennuyer si cela ne colle pas. On redoute de perdre une soirée entière. Certains programment plusieurs rendez-vous le même soir, n'hésitant pas à se décommander au dernier moment si le premier rendez-vous est prometteur.

Je crains, hélas, que la vérité soit encore plus cruelle qu'on ne l'imagine. Il se peut que vous pensiez avoir du mal à rencontrer la bonne personne, que vous ayez cumulé les rencontres, que vous baissiez les bras, lassé de tant de tiédeur, déçu de ce peu d'enthousiasme qui vous agite. Vous vous demandez combien d'applications il faut essayer, à combien de rendez-vous il faut se rendre, avant de vibrer vraiment pour la bonne personne. Mais je crains que, pour certains, vous l'ayez déjà laissé passer – ce qui est encore plus triste !

La surconsommation affective nous a fait croire qu'il fallait trouver la personne qui correspondait à nos critères précis, et que le coup de foudre en serait le signe glorieusement évident. Comme s'il y avait une alchimie particulière en amour, et que, le moment venu, la nature dans toute son excellence nous en ferait la révélation ! Je n'y crois absolument pas. Je suis persuadée que, sans un minimum de temps et une vraie liberté d'esprit, la rencontre espérée est impossible, non pas du fait de l'autre, mais bien de soi-même. À la recherche de la rencontre espérée, il va sans dire que nous ne sommes pas dans les conditions convenables à faire naître l'attachement. D'où la possibilité que vous ayez déjà croisé celle ou celui qui aurait pu vous aider à être heureux…

Et pourtant, une révolution des applications numériques de rencontres semble s'amorcer avec l'apparition de nouvelles démarches visant le ralentissement dans la rencontre : Once, par exemple, innove en ne proposant qu'un profil par jour. Un premier pas vers le *serious dating* est-il en marche[1] ? Espérons-le !

La lenteur apparaît donc pour ce qu'elle est : un choix raisonnable, une décision éthique, un mode de vie épicurien, un acte militant. Il faut y voir la force de notre époque. Rendez-vous compte, nous ne sommes plus obligés d'aller lentement faute de ne pouvoir faire autrement. Nous avons la possibilité de vivre à cent à l'heure, et aussi la liberté de décider de ne pas le faire en toute connaissance de cause. L'écologie représente

1. Twenty-One, la première application egoresponsable, est en cours de développement.

cette nouvelle modernité : elle nous invite à la fois à mettre fin à l'épuisement des ressources naturelles et à améliorer au quotidien la qualité de nos vies partagées.

Nos relations affectives bénéficieraient amplement à s'inspirer du mouvement écologique. Imaginez que vous vous consacriez à quelqu'un et que vous lui offriez ce que vous avez de plus précieux : votre temps. Vous seriez alors obligé d'écouter ce qu'il ou elle vous dit, de mettre de la qualité dans le temps passé ensemble. Immanquablement, vous dépasseriez le niveau de vos conversations habituelles pour aller plus avant dans l'intime et la connaissance de l'autre.

En ralentissant votre regard sur l'autre, vous auriez peut-être aperçu en lui, en elle, tout ce que le temps d'un verre n'aurait pas suffi à découvrir.

5

Responsabilité

J'ai la conviction que nos sentiments sont aussi pollués que l'air que nous respirons, que nos désirs sont aussi usés que les ressources de nos sols. Il me semble que l'urgence n'est pas de vivre vite et au maximum en profitant chaque jour un peu plus, mais plutôt de ralentir, de passer à une vision empreinte de modération, de persévérance et de lenteur. Et, bien sûr, cela concerne aussi notre façon de nous aimer.

L'urgence n'est pas de découvrir, mais de préserver ce que nous avons à portée de main. L'urgence est de sauver nos acquis : notre liberté de penser, notre égalité et notre fraternité. Aujourd'hui, nos valeurs fondamentales, si difficilement acquises, sont mises à mal ; il faut donc les défendre bec et ongle. Or, le couple est au centre de cette démarche. Si nous ne respectons pas nos compagnons, si nous ne préservons pas nos amours, si nous ne nous investissons pas dans le projet de réussir notre vie à deux, comment voulez-vous qu'une fois dans la rue, au travail, avec nos amis, nous puissions agir en cohérence ?

Si, dans nos cellules initiales – nos couples –, il n'y a ni foi ni loi ; si nous oscillons entre une vie ultra-égoïste solo et des périodes en couple exaltées mais trop brèves, comment envisager d'être grands, forts, respectables et fiers de nous au dehors ?

La bérézina de la vie à deux s'inscrit profondément dans la perte de repères généralisée à laquelle nous assistons. Rivés dans nos habitudes individualistes, obsédés par le désir de vivre au maximum, peu enclins à la compassion, notre cœur d'artichaut vite oublieux, agités par un désir de zapping permanent, voulant tout vivre sans faire le choix de renoncer à quoi que ce soit, nous voici dispersés, insatisfaits, rapidement frustrés et esclaves de nos pulsions plus que de nos choix.

Narcissiques et consommateurs, nous avons sans cesse plus de mal à apprécier les différences chez l'autre. Plus que jamais, les couples essayent de respecter une certaine homogamie lors de leur union, en application du fameux précepte : « Qui se ressemble s'assemble ». Ce que l'on recherche en priorité ? Quelqu'un qui nous ressemble pour – croit-on – éviter les mauvaises surprises…

Comme si la surprise de l'amour n'était pas la plus belle ! Alors que nos frontières sont ouvertes et que le monde entier est accessible, nous rencontrons des difficultés réelles à envisager la mixité dans nos couples et plus encore à aimer durablement quelqu'un, même s'agissant de celui qui nous « ressemble ». S'arrêter à quelqu'un, se consacrer à lui ou à elle, essayer de faire un projet sur le long terme, envisager de surmonter certaines crises sans faire le choix systématique d'une séparation, essayer de voir si durer a un intérêt que l'on ne soupçonnait pas… tout ceci vous semble peut-être vieillot, révolu, d'un autre temps ? Il est si simple d'interchanger les amours, les conjoints, les histoires ; de faire, défaire, recomposer, décomposer, quitter, tromper, abandonner… Alors, pourquoi essayer de se dépasser, de tenir, de s'obstiner, de durer ? À quoi bon ?

S'engager dans un projet à deux, c'est en accepter les responsabilités, dont la première, me semble-t-il, est d'être loyal avec l'autre.

6

Routine

La routine tuerait les couples. Aujourd'hui, semble-t-il, le principal motif de séparation est « l'ennui ensemble », la fin du sentiment amoureux, la sensation d'une routine qui s'installe. On se plie alors au commandement : « L'amour ne dure que trois ans[1] ». CQFD. *End of story.* Au suivant !

Une vie sans routine, c'est un peu comme le mouvement perpétuel : idéal en soi mais impossible en réalité. La routine est le corollaire indispensable à la notion de temps qui s'écoule. Puisque nous avons la chance de vivre de plus en plus longtemps, nous nous ennuierons à répéter les mêmes gestes bien plus longtemps que nos aïeux. Gageons que l'on s'ennuyait moins quand l'espérance de vie se limitait à quarante ans. Avoir cinquante ans à vivre de plus, ça se paie !

1. Maxime dont Frédéric Beigbeder a fait le titre de l'un de ses romans : *L'amour dure trois ans*, Paris, Grasset, 1997.

La routine, ce peut être aussi le *farniente*, ce temps où l'on ne fait rien, mais avec plaisir. La routine peut aussi avoir la douceur de l'oisiveté. Au final, seul(e) ou à deux, la routine s'installe toujours. Que l'on vive une vie hors normes ou plan-plan, exister revient en partie à apprivoiser nos routines.

Il existe du délice dans la routine, pour peu qu'on l'aime. Se résoudre à son inéluctabilité permet d'arrêter de vouloir la contourner ou la fuir pour l'oublier. Il s'agit au contraire de s'atteler à l'organiser, à la choisir, à l'envisager comme un projet de vie, que l'on soit seul(e) ou à deux. Une routine incarnée n'est plus ennuyeuse. Savoir qu'elle surviendra à coup sûr, c'est en faire un projet qui peut être très original, voire audacieux. Qui craint cette routine qui nous donne la possibilité d'observer pour la énième fois le même tableau, celui que l'on a choisi d'accrocher au mur, ou de déguster le plat que l'on maîtrise de mieux en mieux et que l'on apprécie ?

J'adore m'ennuyer à tes côtés, mon esprit est en paix, je m'occupe à ce que j'aime, je me concentre, tu m'autorises à t'oublier, à plonger au plus profond de moi, à me consacrer à moi dans la quiétude de notre nous. Je ne me sens ni contrainte, ni en demande. J'aime te savoir là, toi aussi dans le même état d'esprit, ne me trouvant ni insignifiante, ni décevante, ni demandeuse. Tu n'exiges pas de moi que je t'épate, que je sois splendide ou étonnante. Tu m'offres le droit d'être simplement moi, seule en moi, concentrée sur moi : tu m'offres du temps pour moi.

Oui, la routine me donne l'opportunité d'oublier que le temps passe, de me raccrocher sans y penser à des habitudes que j'aime, à un temps qui coule lentement. Ces entre-deux me ressourcent, j'y reconstitue mes forces, je m'y prépare à affronter les obligations à venir, je me repose des souvenirs que je viens d'emmagasiner. Mes pensées peuvent alors s'étendre, prendre leur temps à leur tour. Je peux émettre des idées, enrichir mes connaissances, créer, ou simplement me reposer. Je n'attends rien dans ces moments de routine, peut-être juste qu'ils ne soient pas perturbés, ni troublés, précisément afin de leur conserver cet aspect routinier. La routine est un temps qui coule comme une rivière douce et claire d'un point A à un point B, sans empêchement, sans goulot d'étranglement, sans aspérité.

De l'extérieur, ma routine peut paraître vide, sans contours, proche d'un enfer ; vécue de l'intérieur, consentie et souhaitée, elle a un goût de paradis : qu'existe-t-il de mieux que ma douceur de vivre ?

Toi qui me lis et qui détestes l'ennui, qu'as-tu de mieux à explorer que l'immensité d'un instant présent apprécié ? Crois-tu que le bruit, le mouvement, la nouveauté, l'expérience unique, la nouvelle connaissance, crois-tu que tout cela soit forcément plus riche que la lenteur d'un instant parfait ?

La routine est art de vivre – art de vivre ma vie. Je ne crains pas la routine, je l'organise. Je la rends précieuse et belle, je la cultive ; elle ressemble à un coquelicot banal mais enthousiasmant ; elle en a l'éclat parfait, et la volonté farouche de surgir.

Calme Lenteur Ethique Slow
Sens
Responsabilité
Persévérance
Amour Respect
Responsabilité
Sens Responsabilité
Persévérance
Bienveillance Ethique Lenteur Slow
Calme
Sérénité
Respect
Bienveillance
Amour Altérité
Altérité Sens Persévérance
Sens Bienveillance
Altérité
Respect
Calme Ethique
Responsabilité Slow Amour

7

Sérénité

La sérénité n'est pas le bonheur, elle est mieux que ça. Alors que le bonheur n'est pas un état durable, la sérénité, elle, peut être définitive, immuable, une sorte de socle sur lequel faire reposer sa vie. La sérénité est en nous sous la forme d'un apaisement profond et constant, où elle marque la fin de la course en avant, si aveugle, si futile. Dès que la sérénité apparaît, elle s'impose comme une évidence.

Ce qui nous rend sereins, ce n'est pas seulement l'autre : c'est avant tout un chemin, une préoccupation, un but individuel, qui se concrétise dans la présence d'un autre. La sérénité peut exister également chez les êtres seuls, souvent à la suite d'un renoncement, lors de l'arrêt d'une quête, par exemple. Accéder à la sérénité reste un but en soi, où il s'agit de pacifier ses propres démons pour atteindre le calme de l'esprit, l'harmonie de la pensée, la non-fluctuation des humeurs, la pacification du rapport à soi, l'acceptation joyeuse de son corps, l'intégration des siens et de ses racines. C'est quand on est apte à laisser pousser nos capacités de sérénité que l'autre peut surgir et, comme une cerise sur le gâteau, nous donner l'occasion d'en cultiver les ressources.

Sereins ensemble ou par l'autre, on continue à accéder au calme en soi pour peaufiner son propre équilibre. Ne plus craindre que l'amour s'en aille, qu'il mente, qu'il s'essouffle. Ne plus se demander si l'on est aimé ou pas, si demain sera différent d'aujourd'hui, aimer profondément ce que l'on a, l'autre qui est là, tel quel, arrêter d'envisager autre chose. Ne rien attendre d'autre que ce qui est, et l'accepter profondément afin de ne pas en perdre une goutte. Être si conscient du présent que l'on se rend capable d'en démultiplier les instants. Déplier le temps. Ne plus interroger ses parts d'ombre, les abandonner comme si elles n'étaient plus. Lâcher prise. S'abandonner à ce qui est, s'abandonner à l'autre, accepter d'appartenir, ici maintenant.

Être serein, c'est la promesse avec l'autre, par l'autre, pour l'autre, d'être simplement, pleinement et banalement soi-même, pour réussir à l'être en mieux. S'approcher au plus proche de son essence, toucher au but de soi. Ainsi, fort de cette sérénité, l'on peut offrir à l'autre le meilleur de soi comme on lui ferait la courte échelle, pour que lui ou elle accède aussi au meilleur de lui-même. Alors la vie s'anime de sens.

S'offrir mutuellement la sérénité revient à s'aimer profondément, à avoir fait le choix d'un bonheur simple ensemble, sans craindre de dépendre l'un de l'autre, et tenir à la vie de l'autre presqu'autant qu'à la sienne.

8

Bienveillance

La bienveillance ne peut être qu'infinie. Pas de demi-mesure avec la bienveillance, elle est totale ou elle n'est pas. Il y a de la radicalité dans le culte de la bienveillance, une forme de parti pris, presque un choix d'aveuglement. La bienveillance s'accouple à la confiance. L'une ne peut aller sans l'autre. L'une donne à l'autre son sens.

La bienveillance dans le couple consiste à décider d'accepter systématiquement la réponse de l'autre, en se mettant à sa place pour comprendre son point de vue. Il ne s'agit pas d'être d'accord sur tout mais de reconnaître qu'un avis différent est compréhensible. À l'inverse de l'amour, bête et parfois méchant, la bienveillance est une démarche intellectuelle pure, nécessitant une volonté farouche de ne jamais en manquer. Il y a de la spiritualité dans le travail de bienveillance.

Il s'agit d'un état d'esprit, d'une félicité, car aimer sans être bienveillant envers l'autre, est-ce aimer ? En l'absence de cette acceptation profonde, l'amour de l'autre n'est-il pas plutôt l'amour de l'autre pour soi, ou, pire encore, l'amour de soi ? La vraie aventure, c'est l'amour de l'autre !

Il n'est pas simple d'être bienveillant, cela demande patience et persévérance, encore deux notions liées au temps. La bienveillance rime avec l'écoute, l'attention portée à l'autre et, de fil en aiguille, avec disponibilité, donc présence, et, pour finir, temps donné. Elle ne me dispense pas d'avoir mon opinion, voire de ne pas être d'accord. Elle m'interdit juste de dévaloriser la tienne, de la balayer d'un revers de la main, de ne pas essayer d'en comprendre les origines, de ne pas t'informer que je ne pense pas la même chose, de douter du bien-fondé de ton avis.

Dans le couple, user de la bienveillance, c'est garantir une place centrale à la douceur, au sourire, à l'écoute, à la conversation.

À l'échelle d'une vie, il m'arrivera certainement que l'autre se comporte mal avec moi, que l'histoire me démontre que je n'aurais pas dû offrir ma confiance et encore moins ma bienveillance puisqu'il ou elle n'en était pas digne ou n'était pas dans la réciprocité. C'est arrivé. Nul doute que cela nous arrive à tous. Forts de ce fait, d'autres me diront que j'aurais mieux fait de me méfier, que je n'ai pas été prudente, voire que je suis bien naïve… Pour que leurs arguments me touchent, il me faudrait la preuve que l'on est moins souvent trahi quand on est méfiant, que la méfiance est une quelconque protection contre la souffrance, et surtout qu'elle est efficace.

Je suis persuadée, à l'inverse, que nous avons tous nos lots de trahisons et de souffrances causées par d'autres, que l'on soit plutôt confiant ou plutôt méfiant de nature. Je suis convaincue que nous n'en aurons pas plus – ni moins, d'ailleurs –, les confiants comme les méfiants.

Voilà pourquoi être confiant et bienveillant est un état d'esprit, un choix de vie et une manière d'être. Si le bienveillant risque d'être parfois surpris par la malveillance de certains, le méfiant, lui, est certain de ne jamais avoir l'heureuse surprise de rencontrer quelqu'un de confiance puisque, par définition, il n'a confiance en rien ni personne. D'un côté, nous acceptons les souffrances inhérentes et inévitables de la vie, sans par ailleurs en refuser les bonnes surprises, alors que, de l'autre, en croyant prévenir certaines souffrances, nous nous privons de jolis moments, sans pour autant agir efficacement contre quoi que ce soit…

Faites votre choix.

Ethique Persévérance Calme
Slow
Amour Altérité
Calme Respect
Persévérance Altérité Lenteur
Responsabilité Sens
Bienveillance Amour
Equilibre
Respect Persévérance Sens
Bienveillance Responsabilité
Slow Ethique Slow
Responsabilité Ethique Lenteur Respect
Amour Altérité Calme
Persévérance Bienveillance
Respect Sens
Altérité Sens Responsabilité
Bienveillance

9

Équilibre

En équilibre, je me sens forte sur mes jambes, tout en restant centrée sur mon axe central. Centrée sur soi et stable au sol. La vie à deux nous invite à trouver un nouvel équilibre, elle doit permettre de mieux cerner son propre axe, tout en stabilisant le sol sur lequel on se pose.

L'équilibre à deux est impossible si chacun tire la corde à soi et craint de tomber en fonction de l'autre. On ne peut pas non plus le trouver si l'un se repose complètement sur l'autre, au risque de s'écrouler tous les deux.

Il s'agit plutôt d'entreprendre de gravir ensemble une montagne en se relayant tour à tour à la direction des opérations. Il faut pour cela trouver un rythme commun, savoir attendre l'autre quand il s'essouffle, tendre la main pour le tirer quand ce rocher est trop haut, accepter qu'il vous fasse la courte échelle quand un obstacle se présente. La vie à deux peut s'envisager comme une relation d'équipe : dès lors que la bienveillance est infinie, l'autre n'est plus perçu comme adversaire, mais uniquement comme ami.

Il s'agit donc de s'équilibrer l'un l'autre, au risque de se sentir déstabilisé si l'autre vient à se retirer ou si la vie nous sépare. La vie à deux oblige à accepter de bouger la ligne d'équilibre que l'on avait trouvée seul, pour créer une bête à deux têtes capable de nous porter plus loin. Le but du couple est bien d'atteindre des horizons inaccessibles seuls, et de pénétrer plus profondément dans le chemin de soi.

Nous ne sommes rien sans les autres, nous n'existons que par la relation aux autres. En dehors de quelques sages capables de se retirer physiquement du monde sans en être déconnectés, la vie de reclus n'est pas pour nous autres. Elle réduit notre espace vital et, au final, atrophie nos personnalités en limitant jour après jour nos compétences : et tout cela, juste afin d'éviter autrui.

Le couple est comme un chemin qui sous-entend une certaine dose de dépendance affective, qui implique de faire une place à l'autre, telle que notre propre équilibre en dépendrait. Je ne dis pas – et c'est là toute la nuance – que, sans l'autre, on ne peut trouver son équilibre. On peut très bien trouver un équilibre seul, mais à deux, on le trouve d'autant mieux. Bien entendu, nous risquons plus gros du fait d'être deux. Mais, de cet équilibre, qui durera ce qu'il durera, nous sortirons quoiqu'il advienne plus grands, plus forts, plus hauts.

10

Ancrage

S'ancrer dans une relation pour la faire durer, à quoi bon ? Ici maintenant, je prends racine. Je m'ancre là tout de suite. J'accepte ton port d'attache. Je cesse d'explorer les autres. Je décide d'apprendre par cœur les moindres recoins de ce lieu qui est notre vie commune. Ma décision n'est pas tant de décider que tu es la bonne personne, mon âme sœur, celle que j'attendais, que de décider que c'est le bon moment, la bonne phase.

Je n'exige pas de toi d'être à la hauteur de toutes mes attentes, de te montrer exceptionnel, et de payer plus ou moins le prix de mon ancrage et de mes renoncements. Non, je t'utilise pour répondre à mon désir de m'arrêter là, ici maintenant. Ce n'est pas tant toi que je choisis que le renoncement à d'autres que j'assume.

Se poser, quitter la pleine mer, jeter l'ancre et trouver le calme de la contemplation infinie d'un même paysage. Prendre conscience que tout est ici, qu'il n'y a rien de plus là-bas, qu'il me suffit d'apprendre à regarder mieux et encore mieux. Prendre le temps d'explorer tous les plis de notre relation pour qu'elle se déploie et qu'elle m'offre l'immensité d'un terrain de jeu à découvrir.

Enfant, j'aimais retourner chaque été dans le même petit village de mes grands-parents, Castagnède-de-Béarn. Nous étions tout un groupe de mon âge et finissions toujours par élire tel lieu pour aire de jeu. Je me souviens qu'un été, ce fut le kiosque du village, une autre fois, la croix érigée sur la place principale à quelques mètres dudit kiosque, chaque site élu suscitant des jeux très différents. Un autre été, ce fut le cimetière, terrain propice pour des jeux de détective, alors que, l'année suivante, dans des bambous, nous avons construit une cabane devenue un hôpital de campagne pour animaux malades. Tout cela sans parler de la cabane abandonnée à l'entrée du village, où des ouvriers d'EDF pensaient avoir entreposé leur matériel bien à l'abri et le retrouvèrent sens dessus dessous, puisque nous l'avions utilisé pour construire notre sous-marin. Alors que le village offrait son immensité, nous nous retrouvions là, volontairement enfermés, à explorer pendant les deux mois d'été un lieu unique grâce à l'immensité du terrain de notre imaginaire.

Aujourd'hui, rien n'a changé, il suffit de faire renaître l'enfant que nous sommes. Se poser ensemble, ce n'est pas se limiter, c'est prendre le temps d'explorer avec curiosité l'immensité que notre union révèle. Ancrée ici, je ne suis plus ballotée au gré des vents et des marées de mon âme. Je suis stable, mon humeur et mes pensées aussi. Je me sens chez moi et j'assume mon choix d'être ici plutôt qu'ailleurs. Je deviens spécialiste de *notre nous*.

Certes, je renonce à d'autres possibles, j'accepte de ne pas connaître certains horizons, mais sans y être contrainte ou forcée car j'ai conscience que ces autres possibles me priveraient de découvrir l'infini de notre relation.

L'immensité n'est pas toujours là où l'on croit. C'est un peu comme l'espace entre le zéro et le un. On peut choisir de compter jusqu'à l'infini, mais on peut aussi déplier l'espace entre le zéro et le un, et y trouver la même immensité.

11

Persévérance

Qui dit persévérance, dit effort et lutte contre toute velléité. Ce mot n'est pas du XXIe siècle, semble-t-il ! À quoi bon persévérer quand il y a tant de choses à explorer ? En amour, par exemple, pourquoi faire le choix d'une difficulté de persévérance, plutôt que d'opter pour la facilité qu'offre le *zapping* affectif ? À quoi bon tenter d'entretenir le désir d'une même chair là où, d'un clic, on dispose de toute la gamme des tentations ? À quoi bon dépasser la frustration ? N'est-ce pas contre nature, une entrave à la liberté individuelle ? Que m'apporterait plus de persévérance ?

La réponse est simple : persévérer, c'est en finir avec l'agitation de l'insatisfaction. La persévérance est la voie d'un bonheur calme et stable. Rien ne sert de s'éparpiller, le bonheur se trouve dans la constance, l'exclusivité, l'investissement, que ce soit en un lieu, en une relation ou dans un choix. Persévérer, c'est s'apaiser face au doute sur un meilleur choix. Persévérer dans une relation, c'est trouver dans la répétition d'un geste, d'une présence, d'un amour, la profondeur et le sens que je cherche. C'est décider que c'est ici maintenant plutôt que demain ailleurs.

Stop ! Arrêtons de courir toujours plus vite vers notre fin inéluctable, abandonnons l'utopie de tout pouvoir vivre, de tout connaître, d'aimer tous et toutes… arrêtons-nous ici maintenant.

Levez les yeux de votre livre, regardez en face et regardez : que voyez-vous ? Un paysage quelconque, urbain ou rural ? Un mur vide ou décoré ? Quelqu'un que vous aimez ou que vous aimiez ? Regardez et prenez le temps de cinq respirations profondes en ne regardant que ce que vous avez face à vous, et observez : le calme, oui, le calme s'installe ; la bienveillance, oui, la bienveillance arrive ; la beauté ou l'émerveillement vous saisissent, ou simplement la curiosité. Ces cinq respirations ont ouvert votre horizon, simplement parce que vous avez *tout* cessé pendant ce moment-là. Où vous conduisent ces quelques respirations, ces quelques secondes d'arrêt ? Notez les idées qui surgissent !

Quand je me prête à l'exercice, l'image d'un infini bonheur gagné à la force de la persévérance m'apparaît. J'entends mon grand-père qui remplit ses arrosoirs métalliques au robinet du potager, à l'aplomb de la petite fenêtre de la mini-chambre monacale où je suis en train de lire. Nous sommes à Urt, près de Bayonne, dans les années 1970, et je lis Dostoïevski, Freud, Melanie Klein ou Bruno Bettelheim. Plus loin, dans la salle à manger, une horloge découpe les heures ; de temps à autre, un train de marchandises fait vibrer la maison, toute proche de la voie ferrée. Je ne le sais pas alors, mais je vis un moment de perfection, de calme profond. Je m'instruis, je trace ma propre voie dans un univers profondément simple et rassurant. Sur le moment, j'attribue cette sensation à ma lecture inspirante mais aujourd'hui, je sais que la perfection de l'instant se résume au bruit discret des arrosoirs métalliques de mon grand-père, qu'il remplit au robinet du jardin.

Tentons d'analyser ce souvenir empreint de perfection dans mon esprit : quel rapport avec la notion de persévérance ? Mon grand-père était un merveilleux jardinier. Son potager et les alentours de la maison étaient florissants, productifs, foisonnants : alors, je n'imaginais absolument pas le travail, l'ingéniosité, la passion, la patience, l'amour, la répétition, en bref la persévérance que cela demandait. Je croyais que les fraises venaient seules, que les framboisiers croulaient sous les fruits par miracle, que les haricots de mon assiette (en dehors de l'effilage auquel on me demandait parfois de participer) ne nécessitaient aucune attention. J'allais peu au potager, juste pour y chiper une poire, une fraise, une framboise, ou pour déposer un baiser sur la joue de mon grand-père. Le temps rythmé par les saisons et leurs productions semblait immobile et éternel. Je ne pensais pas qu'un jour le jardin pourrait être différent et c'est à peine si je savais mon grand-père mortel.

Aujourd'hui, quand j'y repasse comme en pèlerinage, des années après le décès de mon grand-père, la maison appartient à d'autres, et une friche a poussé en lieu et place de ce jardin merveilleux qui semblait immuable. Il y manque l'âme de mon grand-père, c'est-à-dire sa persévérance à maintenir ce qui autrement tombe en friche, son jardin à lui : merveilleux, organisé, cultivé et productif.

Il m'a fallu des années, et le surgissement répété de ce moment de perfection comme un souvenir essentiel, pour saisir enfin que ce moment était une ode à la persévérance comme chemin de bonheur, car si j'entendais le bruit apaisant du remplissage des arrosoirs pendant ma lecture, cela sous-entendait qu'il arrosait pied par pied, tomate par tomate, fraise par fraise, jour après jour, à la main, sans tuyau ni arrosage automatique. Méthodique, calme, répétitif.

Aujourd'hui encore, rien ne me rassure plus que cette pensée du temps consacré par lui à faire pousser son potager, jour après jour, sans s'interroger sur le sens, sans chercher à être ailleurs, sans même souhaiter se procurer un simple tuyau d'arrosage…

12

Respect

Nos sociétés ont apparemment un problème avec le respect. Il est évident que la planète n'a été respectée ni par les industries, ni par les consommateurs que nous sommes. Aujourd'hui encore, qui trie correctement, qui recycle, qui roule propre ? Réjouissons-nous, il semble que la prise de conscience fasse quelques progrès ; cahin-caha, nous prenons avec retard la voie du respect de notre environnement, de notre climat, de nos sols, de nos animaux, de sorte que l'on peut espérer qu'un jour le respect des êtres humains soient aussi – et enfin – au rendez-vous. Car les relations affectives se sont dégradées en parallèle des excès liés à la mondialisation et à la surconsommation, au profit d'une montée des égoïsmes.

Mais, il faut bien le reconnaître, la prise de conscience des conséquences de nos comportements affectifs ne semble pas avoir encore atteint la sphère de la relation intime. Bien peu de personnes ont conscience que nos comportements égoïstes sont en grande part directement responsables des échecs de plus en plus fréquents et précoces des couples.

Ainsi, à côté des grands mouvements collectifs de solidarité qui agitent notre début de siècle, nous ne pouvons que déplorer le peu de solidarité et de partage qui règne dans nos vies intimes. Les relations amoureuses sont à la traîne : c'est tout juste si l'on commence à établir un parallèle entre ces différents domaines et si l'on incite les couples à insuffler plus de valeurs humaines dans la relation à deux.

Car le constat est simple, et les chiffres le prouvent. Les couples s'étiolent de plus en plus rapidement sans raisons tangibles : on se quitte. Pourquoi ? On s'ennuie ensemble, on se sent frustré et contraint, on a le sentiment d'être emprisonné et d'étouffer, on voudrait bien céder un peu aux tentations, on ressent un désir intense de vibrer…

L'ambition d'un projet partagé sur le long terme ne fait plus recette, à tel point d'ailleurs que le développement durable du couple peut apparaître comme une vision réactionnaire de l'amour. En consommant de la relation, en laissant libre cours à nos pulsions de *zapping* affectif, nous refusons les engagements sans grande culpabilité car nous avons l'impression d'obéir à notre liberté.

Et dans nos foyers, il semble que nous n'appliquons pas les règles éthiques qui nous soudent au dehors : la loyauté, la solidarité, le vivre-ensemble. Ainsi, la qualité de nos relations de couple se dégrade, correspondant de moins en moins aux valeurs et à l'idéal de vie que nous affichons en public. Ce n'est certes pas volontaire : on aimerait tant que l'amour coule de source et que l'on n'ait pas à se contraindre ! Nous voulons réussir à rester ensemble, nous rêvons toujours à l'amour pour toujours, nous nous usons à chercher la personne avec laquelle ce serait possible ! Mais en décidant que, pour être durable, la relation affective doit aller de soi, être naturelle, simple et sans contrainte, nous y attachons une condition préalable bien pernicieuse.

L'idéal majoritaire est donc un couple où l'état amoureux s'installerait pour toujours : comme ça, par miracle. Au nom de ce désir d'« état-amoureux-sinon-rien » (alors qu'il s'étiole immanquablement, rappelons-le), nous estimons avoir le droit de vivre autre chose, de refuser toute frustration, et donc de rompre dès le déclin (inévitable, rappelons-le également) de cet état. Aujourd'hui, les couples se séparent parce qu'« ils ne sont plus amoureux » ; ils concluent à la hâte : « Sans la flamme, pas de feu ».

Et s'il s'agissait moins d'entretenir en vain la flamme que de préserver la chaleur des braises ? Selon un conseil qui a toujours cours, l'autre se doit de nous faire vibrer chaque jour. Certains magazines nous incitent régulièrement à raviver la flamme, à appliquer certaines astuces pour entretenir le feu du désir. Ils inscrivent dans le titre de leurs articles la fin inéluctable, tout en cherchant désespérément la recette miracle qui marchera à coup sûr. Oui, une majorité d'entre nous cherchent encore et toujours des réponses, tant nous sommes excités par les montagnes russes de la vie. Quant au ronron du train-train quotidien, il nous angoisse parce qu'il nous apparaît dénué de sens. Ici encore, l'accélération est de mise : il faut vivre des expériences, bouger, ressentir, s'exalter !

Il y a peu encore, les couples se séparaient après des années de réflexion ou de lente dégradation ; ils avaient cherché des solutions, tenté de parvenir à un compromis. La séparation ne survenait qu'au bout de cette recherche, les deux ex-partenaires se sentant souvent la mort dans l'âme et culpabilisés. Ce n'était pas mieux, mais il existait la volonté de tout tenter parce que le couple durable était une valeur profonde à laquelle on adhérait. Depuis une décennie, tout a changé[1]. Non seulement les couples se séparent toujours plus, mais encore de plus en plus tôt !

1. En France, un mariage sur deux dure moins de dix ans. En 2013, 130 000 divorces et 10 000 dissolutions de Pacs ont été prononcés (*Libération*, « La statistique plus forte que l'amour », 1er août 2014).

Ainsi, en réponse à la réalité qui nous met face à l'imposante banalité de l'autre (qui ne nous renvoie rien d'autre que notre propre image), à la pesante routine du quotidien, à la frustration de ne plus être totalement libre de vivre tout ce que l'on souhaite, on décide de changer de partenaire. La contrainte de l'autre à nos côtés, passées les heures bénies des débuts de notre relation, nous engonce et nous étouffe. Et l'on finit par s'autoriser à être déloyal avec ceux que l'on a aimés, à préférer ses propres désirs à ceux de la cause commune de la vie à deux. Il n'est pas rare qu'une fois franchie la porte de leur foyer, ceux qui s'impliquent au dehors dans des causes nationales où l'on prône la tolérance et la solidarité, se métamorphosent chez eux en tyrans.

Mais le respect de l'autre, c'est aussi le respect de l'histoire que l'on est en train de vivre, du pacte qui nous unit au nom d'un amour qui a existé naguère, et qui nous engage l'un envers l'autre sur un avenir en partie commun.

Il faut dire que les nouvelles technologies à l'heure de l'amour 2.0 nous poussent à la médiocrité. Là où, il y a à peine quelques années, il semblait évident lors d'une rupture de ne plus revoir ses ex, aujourd'hui, grâce à Facebook en particulier, l'ambiguïté d'un lien à demi-préservé fait référence. Demander à son conjoint d'ôter son ex de ses ami(e)s Facebook frise l'indécence.

Le choix de ne pas perdre de vue ses ex semble donc moderne, « cool ».

Ici encore, le « zéro contrainte » règne en maître et reflète le puissant ancrage de notre culte de l'égoïsme. Pourquoi renoncer à celui ou celle que j'aime bien ? Pourquoi ne pas rester « amis » ? Pourquoi me contraindre à perdre tout lien avec mes ex ? Pour préserver la jalousie de l'autre ?

J'ai une réponse un peu radicale à ce questionnement ambigu : en deux mots, je ne pense pas que l'on puisse rester ami avec quelqu'un si l'on connaît le goût de son sexe… C'est osé, un brin vulgaire, mais cela a le mérite de marquer les esprits et d'être clair.

Mais ce n'est pas tout. Être libre, c'est être capable de faire des choix en conscience. Quand je choisis X, il s'ensuit que je dois renoncer à Y. Et quand je décide de privilégier ma relation avec X, afin de lui donner toutes ses chances, il est préférable que je perde totalement Y de vue, pour que X se sente confortable dans notre nouvelle relation. Notre culte d'un individualisme égoïste semble justifier la quête d'un respect à sens unique tenant peu cas de l'autre, du type : « Toi, tu dois respecter mes soirées avec mes ami(e)s, mes SMS avec mes ex, mon espace à moi, mes loisirs à moi… » L'égocentrisme est érigé en priorité, bien au-dessus du respect dû à l'histoire en cours, ou au projet en cours.

En parallèle des beaux discours sociétaux qui prônent le vivre-ensemble, nous constatons la montée en puissance de ce culte égocentré, chaque jour plus fort, responsable d'une diminution de la qualité de nos rapports aux autres, à commencer par les cercles de nos proches : en amour, en famille, parfois même avec nos amis.

Pour autant, le respect se mérite aussi, dans la vie comme dans son couple. Entendons-nous bien : je ne prône pas une vie à deux durable à tout prix, je n'incite pas à rester ensemble pour le pire plus que pour le meilleur. Il est parfois nécessaire de se séparer pour le bien de chacun. Avec ses modalités simplifiées, le divorce demeure une évolution remarquable ; les nouveaux modes de garde ont fait la démonstration que les enfants sont capables de s'accommoder de bien des situations et que, bien souvent, les parents sont capables de rester un couple parental efficace. Mais je rêve pour les autres couples, ceux pour lesquels il n'y a pas péril en la demeure, qu'ils trouvent leur force dans une combinaison subtile entre un respect mutuel sans faille, une loyauté à toute épreuve, et une modernité tenant compte des libertés de chacun – libertés obtenues suite aux luttes des dernières décennies, en particulier l'égalité des sexes, si chèrement acquise.

Le respect n'existe que s'il est mutuel ; il ne peut pas être unilatéral. Ne pas respecter l'un incite obligatoirement l'autre à faire de même. C'est un fait, et je ne le répéterai jamais assez : la violence, qu'elle soit physique ou verbale, sort le couple du contexte d'un respect équitable. La violence physique ou psychologique demeure un obstacle majeur à l'avenir du couple, tant pour celui qui est l'auteur des violences que pour celui qui les subit. Ne restez pas aux côtés de quelqu'un qui ne vous respecte pas physiquement et/ou psychologiquement. Soyez respectable, c'est-à-dire : respectez l'autre et imposez le respect aux autres.

13

Calme

Longtemps le bruit a régné dans ma tête. Un bruit intérieur que je générais et qui m'accompagnait du matin jusqu'au soir. Je pensais, je pensais tout le temps. Jusqu'à me fatiguer moi-même. Sur ce bruit, j'ai mis enfin un nom : angoisse. D'autres l'appellent stress. Je pensais que chacun produisait systématiquement du bruit dans sa tête, que chacun était tout le temps en train de se parler ou de penser. Ma tête était constamment agitée, mais j'étais loin d'avoir le sentiment d'émettre des pensées constructives ; le tourbillon intérieur me donnait plus de vertiges que d'idées. J'étais déçue de moi-même, je me sentais éparpillée et peu inventive…

Et puis, un jour, ayant suivi le chemin personnel d'une longue analyse, le bruit de mes pensées a cessé. À sa place ? Le silence – je ne dis pas le vide. Plus d'agitation, plus de pensées s'imposant sans que je le veuille, mais un vaste espace intérieur inexploré, dans lequel je me promène désormais avec curiosité. Je peux choisir d'y suivre une pensée plutôt qu'une autre. En entendant mon souffle, totalement présente à l'instant, je découvre la capacité à me concentrer. Je suis les mots que j'écris, le paysage que je contemple, la parole que j'écoute, la posture de yoga que j'exécute, voire le point de crochet que je travaille.

De cet espace coulent désormais mes livres et mon rapport aux autres. Auparavant, mon esprit était trop occupé, il dictait sa loi et me menait là où je ne souhaitais pas toujours aller : en un mot, je n'avais pas toute la maîtrise de ma vie. Pourtant, enfant, avant même de savoir écrire, je remplissais des cahiers d'un gribouillage qui figurait pour moi un texte écrit. Le désir d'écrire était déjà là, mais c'est seulement suite à l'apaisement de mon esprit que j'y parviens. Le temps avait passé : j'avais cinquante ans.

Le calme est à coup sûr une bénédiction. Parfois, un instant de calme parfait conduit à la félicité, un sentiment puissant de force indestructible, une évidence de bonheur absolu. Et le calme est l'ennemi de toute notion de précipitation. Il se gagne à force de persévérance, de travail obstiné ; il s'envole à chaque velléité ; il déteste l'éparpillement.

Les chemins vers le calme de la pensée sont divers. Le mien a commencé lorsque j'étais allongée sur le velours vert du divan de mon analyste[1], il s'est poursuivi avec ma formation et mes lectures, a pris ensuite la voie du yoga Iyengar[2], et enfin celle de la méditation[3]. À chacun son parcours de développement personnel, que vous ayez choisi le jardinage, la fabrication d'objets, l'expression artistique, la psychothérapie, la méditation, le coloriage pour adultes, que sais-je encore : pour avancer sereinement, recherchez le calme de l'esprit.

Le calme impliquant une permanence, il exige de nous qu'on lui porte une attention constante afin de toujours en préserver les bornes. Il n'est pas l'ennui, du moins pas celui que vous redoutez. Il est la paix d'un choix assumé, le silence des tentations, l'apaisement de la qualité d'une relation, le souffle d'une énergie, le rayonnement d'un chemin à suivre, l'évidence d'une confiance, la joie de la contemplation.

C'est ce chemin que je vous invite à trouver et à suivre, d'abord seul(e), ensuite à deux. N'êtes-vous pas épuisé(e) de vos dispersions, de vos velléités, de vos bruits intérieurs ? N'est-il pas temps de prendre la route du calme, quitte à accepter certains renoncements ?

1. Robert Grimberg, que je ne saurai jamais trop remercier.

2. Yoga Iyengar, du nom de son fondateur B. K. S. Iyengar, que je remercie ainsi que mes enseignants : Cristina, Ève, Guillaume, Susana, Bernard, Helen, Jean-Pierre, Sophie…

3. Méditation de pleine conscience de Jon Kabat Zin ; je remercie ma formatrice, Claire Mizzi.

Bienveillance Slow
Calme Slow Persévérance Altérité
Lenteur Ethique
Respect
Responsabilité Calme
Lenteur
Sens Persévérance
Slow Amour Responsabilité
Ethique Lenteur
Epanouissement
Bienveillance Amour
Ethique Respect
Respect Persévérance
Persévérance Sens
Slow
Amour Responsabilité
Calme Altérité Sens
Lenteur Bienveillance Calme Respect
Calme Amour Altérité
Bienveillance Calme Altérité Sens
Responsabilité Slow

14

Épanouissement

La question du « qui suis-je ? » m'a souvent tourné en tête. Je me souviens qu'enfant, il m'arrivait de me demander pourquoi je me trouvais dans cette tête-là plutôt que dans celle de mon voisin. Je m'étonnais du vertige que me causait l'idée que chacun vivait en soi, faisant l'expérience d'une vie intérieure aussi présente et intense que la mienne.

En croisant les gens dans la rue, quelle différence entre le fait de les percevoir comme des éléments quelconques du décor et celui de les observer au point de prendre la mesure de leur dimension intérieure ! C'est en cela que l'expérience du métro parisien, où tout le monde est réputé « faire la tête », est des plus intéressante. On assiste au spectacle fascinant de centaines de gens seuls et emmurés dans leurs pensées comme nulle part ailleurs. C'est à partir de telles observations que j'ai pris conscience de ma curiosité des autres. Mon métier en découle logiquement.

Il m'a longtemps été difficile de mettre des mots précis sur ce que je ressentais, ce que j'aimais ou pas, ce qui me définissait ou pas. De longues années durant, j'ai eu la sensation de ne pas avoir accès à l'essence de moi-même.

Dans ces moments-là, que nous expérimentons tous à différents degrés, nous vivons, nous travaillons, nous partageons nos vies ; nous rions, pleurons, parlons et agissons. Bien souvent, on se sent comme téléguidés par des conventions et des idées que nous remettons pourtant en question à certains autres moments. Car nombre d'entre nous prennent un jour conscience qu'ils sont bien à l'endroit où ils *doivent* se trouver, mais pas à l'endroit où ils *souhaitent* se trouver.

Nous parcourons souvent un chemin comme en pilote automatique, espérant découvrir sur la route une vérité dont les autres auraient déjà connaissance ; et au bout du compte, nous ne faisons que suivre des tracés dictés par autrui. Il est bien rare de parvenir tôt dans sa vie à ce moment où nous avons enfin en main toutes les ficelles du pantin que nous sommes. Et alors, nous vivons cette prise de conscience dans une grande agitation car on s'est aperçu qu'au bout du compte, presque personne ne sait où mène le chemin.

Nous laissons donc notre esprit se faire télécommander au fil des modes et des idées convenues, jusqu'au jour où l'on décide en conscience de nos propres choix, c'est-à-dire du chemin que l'on va suivre. Il s'agit alors d'opter clairement pour une voie plutôt que pour une autre, de faire siennes les idées de celui-ci plutôt que de celui-là, de prendre des décisions pour sa vie en étant avant tout à l'écoute de son soi profond. Car nous sommes tous à la recherche de maîtres dignes à nos yeux de ce nom, c'est-à-dire de personnes plus avancées que nous sur le chemin et qui ouvrent ou montrent la voie. (Mais n'oublions pas que ces maîtres, au fur et à mesure qu'ils nous aident, avancent aussi en terrain inconnu, comme des alpinistes nous précèdent vers les sommets.)

C'est ainsi qu'à la sortie de mon bac, j'ai choisi des études de médecine, ce qui me permettait de suivre des amis qui, eux, semblaient avoir choisi en conscience la voie médicale, là où je n'avais, moi, aucune certitude. Je me suis dit que s'occuper de l'humain ne pouvait être une mauvaise voie, que je limitais ainsi les risques de me tromper du tout au tout.

Pour autant, je suis restée dure à convaincre tout au long de mes études. Ne trouvant pas de maîtres qui s'imposaient à moi réellement, je mettais en doute bien des vérités que l'on me demandait d'assimiler sans discussion. Pendant toutes ces années, je me suis interrogée sur l'honnêteté d'un système de santé qui repose sur l'argent et la puissance des laboratoires pharmaceutiques – d'où la corruption visible de certains praticiens. Enfin, j'ai été obligée de supporter un enseignement dont la pédagogie était proche du zéro pointé[1].

Oui, quelque chose clochait, de sorte que, malgré les heures de cours et les polycopiés appris par cœur, et en dépit de l'expérience de l'hôpital, je restais persuadée que l'esprit dicte tout, à commencer par ce qui arrive à notre corps, et jusqu'à notre mort. J'ai appris récemment que l'inverse est également vrai.

Mes études se situaient à une époque où seule la démonstration scientifique faisait foi. Mais moi, je ne la trouvais pas clairement objective. Il me semblait qu'on y tablait sur beaucoup trop d'hypothèses de départ, élevées par la suite au rang de vérités, pour que l'on puisse aveuglément croire aux résultats. La médecine disait reposer sur la vérité scientifique alors que, dans la réalité, ce n'était pas le cas, de toute évidence. Plus qu'ailleurs, le « Je ne sais pas » était inconcevable. Pour ma part, j'estimais qu'un humble « Je ne sais pas », en tant qu'*approche* de la vérité, aurait constitué une réponse rassurante.

Je faisais médecine mais ne souhaitais donc pas être « docteur » – pas comme la faculté me l'enseignait, en tout cas. Tout en prenant les connaissances, je refusais les diktats. Quelque chose ne collait pas : les voies médicales que l'on me proposait comme voies de vérité n'en étaient pas pour moi.

1. C'était dans les années 1980. J'imagine, ou j'ose espérer, que l'enseignement a évolué dans un sens positif.

Pour autant, j'avais conscience que ce long chemin des études médicales jusqu'à la thèse m'éviterait de partir ventre à terre dans une impasse malheureusement définitive. Je savais que repousser à plus tard le moment de choisir comment gagner ma vie était un luxe qui m'offrait le temps nécessaire à acquérir plus de maturité pour choisir ma voie. En restant au contact des autres, je savais que je n'allais pas trop m'égarer. Ce n'est que plus tard, après bien des circonvolutions, que mon entrée en analyse m'a permis de reprendre la route de moi-même.

On l'aura compris, le chemin de l'épanouissement de soi est exigeant. Il ne ménage aucune halte, il ne connaît pas le repos. Il peut s'imposer comme quelque chose qui nous happe. Nous avons alors la sensation que *la* vérité existe peut-être, qu'elle est à portée de main et que nous n'avons d'autre choix que de la chercher.

S'épanouir, c'est rester au plus proche de l'écoute de soi : une écoute sincère, sans concession, et curieuse. Il est vraiment ardu d'essayer de comprendre comment l'on fonctionne et de trouver le sens de soi-même !

Pour nous aider, nous pouvons nous intéresser au chemin des autres, emboîter le pas de ceux qui nous semblent sur une voie enviable pour tenter d'en comprendre le sens et que leur pensée nous offre des repères. Il nous faut donc des maîtres dont le chemin va nous permettre de nous révéler le nôtre. Mes maîtres à moi ont souvent été des auteurs dont les écrits sont autant de carnets de voyage personnels. Quand je lisais en écoutant le remplissage méticuleux des arrosoirs de mon grand-père, j'allais à la rencontre de mes guides dans un instant de perfection apaisante. C'est grâce à des moments souvent teintés d'ennui et de temps qui n'en finit plus de s'étendre, que j'ai pu les découvrir. Et sans avoir disposé du temps nécessaire à ces lectures, je serais peut-être encore en errance, en train de chercher ma voie.

15

Estime

Avoir de l'estime pour soi et pour les autres est un préalable indispensable à toute notion de respect. Sans estime, pas de respect.

Aujourd'hui, le souci de l'estime de soi se conforme très souvent au souhait d'appartenir à une norme. Être normal ! Les normes sont dorénavant dictées par les médias, la publicité et la mode, dont les réseaux sociaux sont l'expression la plus commune. L'exposition de soi sur le net s'ajoute à la pression sociale pour pousser les uns et les autres à ne laisser paraître d'eux-mêmes qu'une image conforme aux canons majoritaires : il s'agit d'une image maîtrisée, donc plus ou moins trafiquée. C'est ainsi que, bien avant d'être en accord avec soi, on s'applique à répondre à l'attente des autres. Il s'ensuit que, l'uniformisation devenant la règle, notre tolérance à la différence diminue.

Par ailleurs, la séduction destinée aux autres prime sur l'acceptation de soi, de sorte que notre soi est bien vite déterminé par le jugement des autres. Il nous paraît normal de contraindre notre vie, notre physique, notre apparence, notre façon d'être, pour coller à un idéal dicté en grande partie par la publicité et les représentations commerciales. Il ne s'agit plus d'être soi, de se sentir bien dans sa peau sans avoir à se soucier de l'avis des autres, mais de croire qu'il faut être conforme pour atteindre ce bien-être.

Quand, malgré les efforts, le sentiment de bien-être espéré ne surgit pas, on constate l'augmentation du désarroi. Souvent, le réflexe est alors d'augmenter encore un peu son niveau d'exigence vis-à-vis de soi-même, et hop : à demain le bien-être, lorsque mon corps sera plus conforme, ma vie plus excitante, ma maison plus grande, ma voiture plus grosse, ma femme plus belle, mon conjoint plus sexy !

Pour autant, sur les réseaux sociaux, la surexposition de soi, le culte du *selfie* ou de la *timeline* (ce fil virtuel qui rend compte de notre existence : ce que je fais, où je suis, avec qui, ce que je mange, etc.) n'en sont qu'à leurs balbutiements. L'écriture de soi sur internet, sorte d'autobiographie numérique évolutive, devient un univers à part entière oscillant entre concept passionnant et surexposition pathétique.

Mais les choses commencent à changer. De jeunes blogueuses ou égéries de Twitter et Facebook défrichent des voies plus authentiques : par exemple, elles osent des *coming-out* sur la réalité de leur vie, consistant à montrer la face auparavant cachée de leur exposition numérique. Hier, elles faisaient la chasse aux *like* et aux nouveaux « amis » dans le but d'une forme de reconnaissance, ce qui exigeait parfois d'incroyables sacrifices : avec leur *coming-out,* elles rendent publique les contraintes de cet engrenage.

Quand l'image prend le pas sur l'être, la confusion entre réalité et virtualité bat son plein. On confond estime de soi et reconnaissance. Certains jeunes adultes croient qu'une forme purement virtuelle d'estime et de reconnaissance des autres suffira à combler leur manque de confiance en eux. Tout se passe comme si Internet était une forme de traitement, ou peuvent s'inventer les modalités d'un soutien psychologique.

Or, la virtualité n'est pas la réalité. L'estime de soi et des autres ne peut en aucun cas se résumer à un mur Facebook ou à un compte Twitter. Par conséquent, pour accéder à une forme d'équilibre entre virtuel et vie réelle, entre l'écran et le quotidien, il est indispensable d'apprendre à assumer l'apport du réel et les vérités qui sont les siens. Il nous faut bien constater que le conflit entre ce que montrent nos vies virtuelles et la réalité de nos journées aboutit à une augmentation de nos attentes et à une dévalorisation de notre quotidien ravalé comme banal. À force de regarder les vies virtuelles des uns et des autres, chacun se trouve plus ou moins en proie à des jalousies, à des sentiments d'envie ou à des sensations d'échec. Les nouveaux modes d'exhibition numérique sur les réseaux ne laissent voir que ce que l'on expose : les intérieurs de nos maisons, les biens que l'on exhibe, les restaurants où nous dînons, les vêtements que l'on porte, les relations et connaissances dont nous pouvons nous flatter… Mais n'oublions surtout pas que la manipulation est reine, et que si elle embellit et transforme pour illusionner les autres, pire encore, elle finit par nous tromper nous-mêmes.

Toujours plus nombreux sont les jeunes qui préfèrent leur vie virtuelle à la réalité. En soi, un tel retrait n'est pas nouveau. Déjà la photographie, le cinéma et l'art agissent sur nous de cette façon, dans la mesure où on peut leur prêter le but de nous faire oublier un instant la dure réalité. Mais aujourd'hui, nous passons en moyenne plus de trois heures par jour à *checker* nos réseaux sociaux : c'est dire que nous sommes passés dans une autre dimension…

Si certains réussissent à transformer le média internet en mode d'expression artistique ou créatif, la grande majorité reste dans la confusion, n'ayant plus conscience des limites qui séparent l'univers virtuel de la réalité. Il est d'ailleurs temps de se demander si cet univers virtuel l'est toujours... Il me semblerait salvateur – et l'on est en passe de le faire pour les images de mode et de presse – de légender nos photos ou nos propos d'un : « Ceci n'est pas le reflet de la réalité ; ces images ont été obtenues et transformées dans des conditions particulières ». Grace à de tels rappels, le reflet cruel de la glace ou le quotidien de nos vies nous apparaîtront peu à peu moins moches, moins misérables, moins dénués d'intérêt. De cette confusion quasi permanente, hélas, naît un système dévalorisant, engendrant et prolongeant une perte d'estime de soi qui dévore nos personnalités et, par voie de conséquence, nos couples.

La relation sexuelle subit de plein fouet ce culte de la performance, de la comparaison et de l'idéal inaccessible. Dorénavant, non seulement il convient d'être parfait physiquement, mais aussi un as sur le plan sexuel. Puissant et performant : cette injonction pousse les hommes à vouloir « assurer », tandis que les femmes se sentent sommées à être « libérées ». Disons-le sans fard : un accès immédiat, libre et précoce à la pornographie chez les plus jeunes est en grande partie responsable du développement d'une sexualité calquée sur ces schémas frustres et désenchantés. Plus de la moitié de la pornographie sur internet serait consommée par de très jeunes garçons à partir de onze ans.

L'ultra-disponibilité des images pornographiques offre un nouvel exemple de l'accélération contemporaine. Pas de jugement de valeur de ma part, ici : je ne crois pas que les jeunes d'aujourd'hui soient plus obsédés par le sexe que leurs parents, mais il est clair que le support de leurs fantasmes n'est plus du tout le même. Certains développent d'ailleurs une addiction à la pornographie et rencontrent ensuite des difficultés à passer à la réalité beaucoup plus pauvre d'une relation sexuelle. En clair, quand un garçon se masturbe régulièrement devant des scènes orgiaques, il peut avoir plus de mal à connaître une érection de qualité avec une partenaire timide et inexpérimentée.

La surconsommation pornographique met donc la barre très haut en termes de performance, tant sur le plan anatomique que dans le déroulement de l'acte. Or, la réalité sexuelle d'une vie n'a rien à voir avec les scénarios des films pornographiques. En particulier, les aspirations féminines n'ont que bien peu en commun avec ce que l'on fait jouer aux comédiennes dans les films pornographiques. Certaines réalisatrices comme Ovidie ont tenté de faire un cinéma pornographique plus soucieux de restituer le plaisir féminin dans sa mise en scène, mais j'ignore s'il a rencontré le succès escompté[1].

Il est dans l'ordre des choses que les couples s'interrogent sur l'avenir du désir dans la durée d'une vie commune. Ils recourent d'ailleurs plus souvent à une

1. Voir *Infidélité* ou *Les concubines* : films réalisés par Ovidie.

certaine forme de liberté sexuelle, dans la crainte de s'ennuyer sexuellement ensemble. L'angoisse que la vie devienne moins palpitante, qu'elle nous confronte au vide existentiel de nous retrouver face à une réalité moins génératrice d'émotions fortes, nous pousse à accélérer encore le nombre des expériences dans une frénésie de renouveau. La surenchère est plus attirante que la modération. La vie sexuelle et la relation à l'autre ne sont plus envisagées comme un chemin évolutif à parcourir ensemble, mais dans la peur d'un arrêt d'expériences nouvelles.

Or, tout évolue tout le temps, rien n'est pérenne, à commencer par nous. Tenter de rester jeune à tout prix dans le culte de l'accélération, c'est à coup sûr passer à côté de moments encore plus beaux. Il ne s'agit pas d'encourager à vieillir, mais bien de devenir dans le même temps adulte et soi-même. Nous vivons dans un tel culte du jeunisme que la plupart des jeunes pensent qu'après quarante ans… la vie est comme terminée. Quelle erreur ! Les plus belles années de nos vies, les meilleurs moments d'équilibre et d'épanouissement surviennent en général après quarante ans.

Notre époque voit fleurir les Tanguy et les Peter Pan, ces jeunes adultes persuadés que la vie d'adulte n'a aucun intérêt, qu'elle rime avec ennui et embêtements. Ce besoin de ne pas évoluer cache en réalité une répugnance à prendre le risque de vivre. La responsabilité vient en partie du monde désenchanté que nous livrons à nos enfants. Si les parents ne font pas la démonstration qu'ils sont aptes au bonheur, que la vie mérite d'être vécue à tout âge, les enfants ne peuvent avoir le désir de leur emboîter le pas.

La morosité ambiante qui règne dans nos villes et souvent aussi dans nos campagnes, ce culte du catastrophisme et du verre à moitié vide que nous servent les médias, ont une forte responsabilité dans le manque d'engouement pour la vie fréquent chez les jeunes. Il suffit de comparer le contenu des journaux télévisés qui s'adressent aux jeunes à celui des journaux qui s'adressent aux seniors. D'un côté, tout est noir, angoissant et déprimant, quand, de l'autre, on cultive volontiers les bonnes nouvelles, on célèbre volontiers les belles traditions, non pas parce que les seniors sont devenus stupides, mais parce qu'ils n'ont plus envie de noircir le tableau et aspirent à vivre en harmonie. Vous remarquerez comme les groupes de seniors sont souvent plus joyeux que ceux de jeunes adultes.

L'âge physiologique (naturel) du premier rapport sexuel est stabilisé depuis quelques décennies à environ seize ans. En revanche, depuis l'existence et le succès des applications de rencontre, le nombre des partenaires sexuels a explosé. Il est devenu habituel de faire l'amour dès la première rencontre. De plus en plus de jeunes hommes connaissent des pannes, se plaignent d'une forme de lassitude, ou encore vivent mal l'exigence de performance sexuelle imposée par la surconsommation relationnelle. L'intuition erronée d'un nombre infini de rencontres possibles les envoûte dans un premier temps, mais ce n'est que pour les rendre finalement esclaves de leurs pulsions et angoissés de leur niveau de performance. Face à la facilité des rencontres sur des applications comme Tinder, ils multiplient les aventures, en se demandent du reste au nom de quoi ils s'imposeraient une quelconque restriction. Certains rapportent néanmoins qu'après quelque temps, ils ont eu le sentiment de se perdre.

Ces applications de rencontre sans limites encouragent nos instincts de consommation ; elles invitent à traiter l'amour comme un objet parmi d'autres. Aujourd'hui, être cavaleur – comme disaient les anciens – n'est plus mal vu car ce statut représente une norme moderne. Certaines applications sont même dédiées aux relations adultères, comme si elles aussi s'étaient transformées en une expérience estimée indispensable à la bonne vie : la rupture est très brutale avec le passé très récent, où nos sociétés encourageaient hommes et femmes au choix d'une ou d'un partenaire pour la vie entière. La monogamie était la valeur centrale, avec comme corollaires la fidélité et l'exclusivité.

Ces temps-là étant révolus, le papillonnage, fort de ses supports numériques dédiés, se banalise, non sans beaucoup de souffrance à la clé. Si chacun y trouvait son compte, si l'amour se portait bien, si hommes et femmes semblaient heureux de tant de vagabondages, nous n'en traiterions pas ici. Mais nous vivons une époque de grand désarroi affectif.

Par exemple, de nombreuses jeunes femmes se sentent poussées à assumer une sexualité de consommation sous peine d'être étiquetées « coincées ». Mais fréquemment, après un premier temps où elles traitent leur sexualité sans retenue comme la majorité des garçons, elles en reviennent et expriment la souffrance d'avoir constaté que cela ne conduisait pas vers une relation au long cours ; elles comprennent alors que la grande majorité des hommes ne sont prêts qu'à partager avec elles des « plans cul », selon l'expression consacrée. Nous assistons désormais à un début de revirement. Bon nombre de jeunes femmes et quelques jeunes hommes décident ainsi de différer le moment du premier rapport sexuel, dans le but de créer du lien avant de « consommer ». Un travail de récupération de l'estime de soi, mais aussi de l'autre, commence à poindre.

Cette accélération de la rencontre, couplée aux exigences de performance générées par la pornographie, brouille le message affectif, tant individuellement que pour les couples qui tentent de se constituer. Face au brassage facile des rencontres, les habitants des métropoles – et en priorité les nouvelles générations – se trouvent entraînés dans des comportements qui font peu cas de l'autre, d'autant que ce mode de consommation semble répondre à une tendance parfois naturelle du désir : celle de la chasse sexuelle.

Ainsi, les hommes qui souhaitent faire le plus grand nombre de rencontres n'ont aucun intérêt à entretenir une relation exclusive avec une femme : d'un clic, ils peuvent satisfaire leur désir d'aventures multiples. De nombreuses femmes disent se sentir dévalorisées par ces modalités de rencontre, voire victimes de ce dispositif. Elles ont le sentiment de donner trop d'elles-mêmes sans pour autant réussir à construire quelque chose d'autre – de plus durable ou simplement de plus sentimental.

Dans cet engrenage, tout le monde ne trouve pas son compte : gare à ceux et celles qui n'entrent pas dans les canons de la beauté actuelle, la concurrence est rude ; et que les affectifs peu enclins au *zapping* prennent garde, les peines de cœur sont fréquentes. Quand on interroge les jeunes adultes, ils font part de leur besoin d'amour et de leur envie de faire couple. La plupart, garçons comme filles, sont englués dans une technique de rencontre qui dément quotidiennement leur désir profond et les encourage à une surconsommation sexuelle, pratique qui finit par générer des carences affectives profondes.

Ici encore, on identifie une conséquence de l'accélération des rythmes et du temps. En vue d'un avenir affectif plus satisfaisant et plus aimant pour tous, le projet d'une décroissance volontaire s'impose. Il est bon de rappeler que les applications de consommation amoureuse n'ont pas économiquement intérêt à ce que les gens trouvent l'amour, car cela va contre leur modèle de marché.

Au demeurant, après avoir connu le rythme infernal du *dating tinder* pendant quelques mois, nombreux sont celles et ceux qui se désabonnent et choisissent de faire confiance au hasard ; mais le hasard est devenu plus rare parce qu'on flirte de moins en moins en dehors des applications, pour cette raison simple : là où il faut du courage pour s'approcher de quelqu'un qui nous plaît sans savoir du tout si la personne est dans une démarche de rencontre, les sites limitent les risques d'échec. Dans une société où tout risque est calculé et évalué, la prise de risque amoureuse n'est plus encouragée. Or, la prise de risque n'a-t-elle pas à voir avec l'estime de soi et des autres ?

Les jeunes et les quarantenaires en recherche de recomposition, surtout s'ils sont citadins, rencontrent des difficultés à trouver l'amour pour des raisons qui vont du manque de courage affectif lié au dispositif actuel de rencontre, pollué par le net à différents niveaux. Il reste donc à trouver des systèmes originaux qui utilisent l'indispensable évolution du net, mais cette fois au profit de la qualité des rencontres et non d'une surconsommation n'aboutissant qu'à épuiser les équilibres psychologiques.

16

Altérité

Avoir conscience que l'autre est autre. Totalement autre, profondément différent de nous. Et ce, même si au départ nous avons le sentiment de nous plaire mutuellement pour nos ressemblances. Ne cherchez pas ! L'autre est immanquablement un autre, toujours différent de vous. Toute ressemblance avec des personnes ayant existé n'est certes pas fortuite, mais cet aveuglement initial lié au sentiment amoureux n'en demeure pas moins pure illusion. Et c'est très bien ainsi !

Au cours d'une vie, à travers nos couples, nous sommes invités à faire une place au plus près de nous, dans notre plus intime, à quelqu'un qui nous est fondamentalement étranger. Seule la vie à deux nous propose une telle aventure ! Aimer nous invite à un profond partage de l'intime avec l'étranger qu'est un autre.

Dans le caractère exceptionnel de cette relation si particulière, se trouve en grande partie l'explication des difficultés que l'on rencontre et le challenge que cela représente. L'amour à deux n'a rien à voir avec l'évidence d'aimer ses propres enfants, ou même sa famille, car, à travers eux, c'est encore un peu de nous que l'on aime : ainsi, cet amour nous apparaît souvent inconditionnel, définitif et parfaitement naturel. Par ailleurs, avec nos enfants, nous passons notre temps, de leur naissance à notre mort, à installer de la distance entre nos intimités, jusqu'à ne plus les partager du tout. Mettre au monde des enfants, c'est apprendre chaque jour à nous séparer un peu plus d'eux. Le couple représente le projet presque inverse : il s'agit de se rapprocher chaque jour un peu plus, jusqu'à former une sorte de créature à deux têtes, une entité propre, afin de se sentir plus forts ensemble face à la vie.

Par là, le projet de réussir son couple dépasse la simple échelle du deux, il est aussi un projet à l'échelle de notre humanité : aimer profondément, longuement, intimement quelqu'un qui n'a ni patrimoine génétique commun, ni passé commun, ni éducation commune, ni racines familiales, en fait : rien et, le plus souvent, même pas le même sexe. La voici, l'aventure d'une vie : aimer un autre jour après jour, année après année, avec l'habitude, avec la routine, avec la connaissance de ce qu'il ou elle est, et ce, au nom aussi d'un idéal de société, à la recherche d'un monde affectivement solide.

Le couple est une formidable école de l'altérité – expérience souvent indispensable pour réussir à se tourner vers une vie en société harmonieuse et basée sur le respect sans limites de l'identité de l'autre. Travailler à la réussite de son couple, finalement, c'est travailler son degré d'humanité. L'enjeu dépasse les murs de nos foyers, il en va d'un devoir à l'échelle de toute la société. Œuvrer pour son couple, c'est aussi œuvrer pour le vivre-ensemble. Au sein de cette cellule de base, nous pouvons travailler à l'amélioration de notre société, afin de faire rejaillir sur tous notre élan d'humanité. Quand nous cultivons l'amour de l'autre chez nous, nous augmentons donc le capital d'amour de toute notre société. Quand nos foyers vont bien, notre environnement entier va mieux. Voici, peut-être, la principale raison de prendre le temps de réussir son couple, car il s'agit moins d'un challenge à l'échelle de soi que d'un projet de société à part entière.

Si, demain, dans une société comme la nôtre qui a su gagner des libertés indispensables – et dont une grande majorité d'entre nous n'envisage pas de se passer –, nous ne réussissons pas à nous motiver pour nous aimer correctement et durablement à deux, si nous continuons à céder à la facilité de la consommation de l'autre (je te prends, je te jette et je cherche ailleurs), alors d'autres, aux valeurs plus rigides, plus ancestrales, plus archaïques, moins égalitaires, viendront nous dicter leur loi et reviendront sur nos acquis, car leurs valeurs, aussi rustiques soient-elles, sauront enthousiasmer, voire créer un espoir pour les jeunes générations, en montrant une certaine voie de réussite.

Après les défis surmontés ensemble pendant les dernières décennies, nos couples ont aujourd'hui la chance de pouvoir vivre une certaine égalité des sexes, avec une répartition plus harmonieuse des tâches ménagères et une capacité plus équilibrée à réussir professionnellement, le tout encadré par un rôle partagé dans l'éducation des enfants[1]. Nous avons ici enfin la liberté d'aimer qui l'on veut, de nous marier avec qui nous voulons, homme ou femme, dans un profond respect mutuel. À mes yeux, afin d'être à la hauteur de ces luttes passées, nous n'avons d'autre choix que de réussir à transformer l'essai en trouvant une voie pour faire de nos couples des entités solides et fiables où nous aimerons profondément, proprement, durablement. L'enjeu est la préservation de nos libertés individuelles depuis toujours fondamentales.

En fermant la porte à d'autres schémas plus rétrogrades, nous proposons une suite logique à nos réformes exemplaires. Si, après l'acquis de nos libertés, nous ne faisons que la démonstration du chaos affectif de nos couples, nous allons droit dans le mur de l'intransigeance, des extrémismes et de l'intolérance. Retroussons les manches de l'amour pour ne pas laisser

1. Même si beaucoup reste à faire, nous le savons : le chemin n'est pas terminé vers l'égalité parfaite des sexes.

à nos détracteurs de liberté des raisons de croire qu'ils ont raison. Demain, une société où l'amour de l'autre serait un champ de ruines ne pourrait pas se targuer de montrer une voie, car elle ne serait plus capable de générer l'espoir pour les générations suivantes.

L'amour reste le désir le plus fort que nous ayons. Il existe dans la réussite affective de nos couples une responsabilité qui va bien au-delà de la simple cellule familiale, une responsabilité qui s'étend à la structure même de notre société. De nos choix d'aimer au XXIe siècle dépend aussi l'avenir de nos libertés. Pensons-y !

Je sais que cela ne sera pas simple, que j'aurai à dépasser mes agacements vis-à-vis de tes manies qui te viennent d'ailleurs, et que j'ai du mal à comprendre ou à apprécier. J'ai conscience que le partage quotidien de notre lieu de vie, de mon lit – notre lit –, de nos voyages, de nos dimanches, de nos fêtes, mais aussi de nos soucis, ne sera pas toujours facile. Je pressens qu'à certains moments tu pourras, comme par miracle, m'apparaître comme le bouc émissaire idéal de toutes mes frustrations, toi toujours présent, parfois dans mes pattes. La tentation de te rendre responsable de mes angoisses, de mes manques et de mes échecs surviendra...

Le coupable idéal, ce sera toi ! Je t'aurai sous la main, tu m'agaceras régulièrement, tu n'auras pas résolu tous mes soucis, alors que j'avais tant espéré que notre amour serait la solution. Au départ, je te trouvais toutes les qualités, j'étais portée par un élan irrépressible, je ne faisais aucun effort, tu étais une évidence : mais ça, c'était avant. Maintenant, au fond de moi, je sais que tu n'as pas changé, ni moi d'ailleurs : c'est l'habitude qui a changé, qui nous accompagne. J'en finis par oublier ce que j'aime tant en toi, je le vois moins, je m'y habitue. En revanche, j'ai de plus en plus de mal avec tes petits travers… Pour un peu, si je regardais ailleurs, je trouverais peut-être chez un autre ce que tu sembles ne pas avoir. À force de regarder, je finirais peut-être par y retrouver le goût d'une évidence, jusqu'à pouvoir me laisser entraîner dans une sorte de facilité d'aimer… Bref, pour un peu, je pourrais finir par penser que ce sentiment mitigé que véhicule le quotidien s'appelle la déception, et, à force de la ressasser, je me dirais que tu n'étais pas la bonne personne.

C'est pourquoi, aujourd'hui, je m'engage volontairement, en conscience, sur une autre voie, plus nouvelle. Je me prépare à l'avance, je ne t'auréole pas dès le départ, je sais ce que tu m'apportes et ne te demande pas d'être le Géo Trouvetou de ma vie. Je m'engage à travailler sur moi avant de te demander de changer, je persiste à être curieuse de toi, je ne doute ni de ta bienveillance ni de ton désir de me rendre heureuse. Je te remercie de m'accompagner et de m'épauler avec ce que tu es et ce que tu peux. Je n'oublie pas ce que j'aime profondément en toi, je le remarque jour après jour, je mets des mots dessus, je te le dis, te le redis et te le re-redis.

Je sais que, dans cette relation, toi comme moi, nous donnons le meilleur de nous-mêmes ; que plus nous nous connaissons, plus nous nous unissons. Je sens l'attachement que j'ai pour toi, il ne fait que grandir. J'ai laissé tomber les petits agacements du couple – avec un autre, ce serait autre chose… mais ce serait la même chose. Je préfère la force de nos différences réunies à l'idée qu'un autre serait mieux. Je préfère cultiver notre relation que d'entretenir l'illusion d'une herbe plus verte ailleurs. Je sais que toi aussi tu ne me trouves ni parfaite, ni idéale. Je te remercie d'essayer chaque jour d'être encore mieux, de travailler sur toi pour que nous soyons encore plus en phase, de ne pas me considérer comme acquise mais éternellement à conquérir, de ne pas t'endormir sur le fait que je sois là.

Du laboratoire de la relation que représente notre couple, je tire aussi des enseignements sur ma relation aux autres : je ne crains plus les différences, je suis curieuse d'eux, j'ai saisi au contact de notre amour que chacun a quelque chose à m'apprendre, et j'ai confiance en ma capacité à créer un lien de bienveillance.

Notre couple est mon école d'une meilleure relation aux autres. Il m'enrichit, me rend meilleure, plus souple, plus tolérante, plus ouverte. Grâce à nous, j'aime mieux : les autres, moi et toi.

Respect Altérité
Slow Sens Calme Calme
Ethique
Persévérance Amour
Bienveillance
Slow Amour Ethique Lenteur
Ensemble
Calme Responsabilité
Ethique Altérité Sens
Persévérance
Respect Calme Responsabilité
Ethique Sens
Responsabilité Amour
Altérité Lenteur Slow

17

Ensemble

La force d'être ensemble ! Nous marchions, nous étions Charlie, enfin nous tentions de marcher entre République et Nation car les rues – celle où nous vivons comprise – étaient noires de monde : on était le 11 janvier 2015 à Paris.

La barbarie avait sévi et nous marchions tous ensemble. Ceux qui y étaient l'ont senti : quelque chose de différent régnait, une douceur infinie, un calme serein, un bien-être inouï et une force incroyable. L'amour, beaucoup d'amour, planait sur les millions de personnes venues se réunir pour dire non à la barbarie, oui à la liberté d'expression. C'était donc possible ! Faut-il attendre que l'on nous agresse pour prendre notre courage à deux mains et décider de mettre en place des valeurs de fraternité, d'amour de l'autre ?

Le vivre-ensemble va devenir un des sujets les plus importants du siècle naissant. Comment réussir à vivre ensemble correctement, dans le respect des uns et des autres, et surtout en trouvant de l'intérêt à cette notion d'« ensemble » ? Comment, au comble de l'individualisme, trouver du sens à aller vers les autres autrement qu'en les invitant sur Facebook ? Il est bien loin, le temps où l'on rétorquait si souvent que « l'union fait la force ». À force de culture des égoïsmes, a-t-on oublié comme il est bon et essentiel d'être physiquement proches et affectivement unis ?

Le 11 janvier 2015, on sentait cela. On ne se sentait plus seuls avec nos peurs. On mesurait combien, tous unis, nous pourrions être forts pour nous lever contre la barbarie. La dernière fois que j'avais ressenti une telle euphorie collective par plaisir de partager ensemble, c'était le soir de la victoire française de la coupe du Monde de football, en juillet 1998 ; nous nous étions sentis réunis autour d'une même cause – et c'était très fort. Il est illusoire de penser que le monde puisse avoir un avenir où chacun serait rangé dans sa case, isolé des autres, caché derrière un écran, avec pour seul contact le virtuel d'une connexion internet : illusoire, ridicule et absolument pas souhaitable. L'autre nous est indispensable pour vivre, voire pour nous humaniser. Un monde sans liens est un monde sans relation, dénué d'humanité. Notre force, c'est de marcher unis les uns aux autres.

Pendant la marche pour Charlie, je me demandais si les couples que je croisais dans cet élan d'amour de l'autre avaient vécu récemment une scène de ménage. Tous ces gens qui clamaient leur désir d'une société de partage et de tolérance, appliquaient-ils le soir, rentrés de la journée métro-boulot, la même ouverture d'esprit vis-à-vis de leur compagne ou de leur compagnon ? Ce vent de bienveillance qui soufflait si fort, imprégnait-il aussi l'air de leurs foyers ? Allions-nous le lendemain nous aimer mieux en couple ?

L'autre, celui qui dort à côté de vous, ne doit pas être votre ennemi : sinon, pourquoi accepter de partager son intimité ? L'autre doit être notre ami, le meilleur, le plus essentiel. Ensemble, cela signifie qu'une partie de notre sens émane de cette relation, qu'on se sent d'autant plus fort, d'autant plus soi-même. Le chemin de soi passe par le rapport aux autres. C'est à travers des relations stables et durables formant un ensemble solide et loyal que l'on devient avec le temps soi-même. L'autre est un chemin pour soi et non pas une entrave, comme on a tendance à le croire.

Je te remercie de me permettre d'être moi. Apaisée dans l'amour de nous, je peux enfin devenir moi sans attendre ton approbation, juste à la lumière de notre bienveillance réciproque. Je n'ai pas peur que tu n'approuves pas ma route, je sais qu'elle est respectueuse de nous, qu'elle n'existe que par nous, et je sais aussi que tu es heureux de me voir m'épanouir. La complicité de notre relation reflète l'assurance que nous nous donnons mutuellement.

Le vivre-ensemble si indispensable à notre société, à notre planète, est le challenge du XXIe siècle : impossible de le contourner, c'est pour maintenant. Soit nous apprendrons à nous aimer, à nous accepter profondément et avec bienveillance dans nos différences, soit nous courrons à notre perte, tant sur le plan de l'écologie et de l'économie que de l'équilibre des nations. Au pied d'un mur vers lequel nous avons couru à grandes enjambées, nous sommes invités à trouver une solution : face à la finitude des ressources de notre planète, voire de notre système, nous sommes invités à réinventer notre vie sur terre.

C'est à la fois inquiétant et merveilleux : nous allons voir de quoi l'être humain est capable ! Je lis des livres sur le thème de la décroissance, du vivre-ensemble, et nulle part je ne trouve de référence à notre cellule initiale, celle du couple. Partout on nous incite à mieux aimer, à être plus solidaires, plus fraternels, mais sans reconnaître que nous devons commencer avec celui ou celle qui nous accompagne. Avant de réussir à grande échelle, il nous faut nous atteler à l'infiniment petit, à la relation cellulaire, celle du couple.

Comme Pierre Rabhi le prône pour l'écologie avec la fable du colibri[1], assurons chacun notre part, à notre niveau et si petit soit-il, pour faire progresser le vivre-ensemble. On ne peut être solidaires, marcher main dans la main pour des grandes causes, et ne pas être fiers de nous dans notre relation à deux. Quel genre d'homme ou de femme souhaite-t-on être ? On ne peut essayer d'être bien sous tout rapport à l'extérieur et se comporter avec négligence au sein de son propre foyer. Être quelqu'un de bien, ça commence par la relation à l'autre, par la qualité de notre investissement et par le degré de responsabilité que nous y injectons…

Et cela va plus loin qu'on ne l'imagine. On ne peut rencontrer quelqu'un pour la première fois et nier ses attentes sans que cela ne nuise foncièrement à notre loyauté tant vis-à-vis de l'autre que de nous-même. On ne peut impunément consommer des relations sans en mesurer les conséquences pour les autres. Les jeunes hommes ont parfois tendance à utiliser les ressources numériques pour parfaire ce que l'on appelait autrefois leur tableau de chasse, se sentir désirés par toutes leurs relations féminines, et laisser par là libre cours

1. Pierre Rabhi aime raconter la légende amérindienne du colibri, ce minuscule oiseau. Un grand feu est en train de ravager la forêt amazonienne. Tous les animaux fuient, à l'exception du minuscule colibri, qui va chercher de l'eau dans son tout petit bec pour déposer inlassablement ses gouttes sur les flammes immenses. Le tatou lui demandant pour quelle raison il s'épuise à cette tâche inutile, le colibri répond : « Je fais ma part. »

à un désir inconscient de les posséder toutes : c'est une régression majeure dans l'éthique de la relation à l'autre. C'est irresponsable, cela fragilise l'autre. Les jeunes femmes sont nombreuses à ne se sentir qu'objets de désir et à souffrir des relations sans lendemain.

À l'heure des réseaux sociaux, nous assistons à l'installation d'un hiatus entre les attentes des femmes et celles des hommes sur la relation à deux. Peu enclins à faire le choix d'une et à renoncer à toutes les autres, les hommes trouvent dans les nouveaux modes de rencontre une façon de légitimer une tendance animale de consommation irresponsable de l'autre.

Si l'on tient à lui donner un avenir, notre projet de société a besoin que les jeunes gens tentent l'aventure du couple. Renoncer à ce projet, c'est précipiter notre société vers sa perte. À cet égard, rappelons l'apparition récente d'un autre phénomène : la lassitude sexuelle, qui affecte surtout les jeunes hommes. Après quelques mois de fréquentations effrénées, ces jeunes gens se retrouvent comme blasés sexuellement avant l'âge.

S'ajoute à cela le fait que multiplier les rencontres sans leur donner le temps et la chance d'exister ne peut être une conduite responsable, aussi bien au plan interpersonnel qu'à l'échelle de l'humanité qui nous caractérise : en bref, la vie n'est pas que loisir et amusement. Devenir un homme ou une femme nous commande d'acquérir des qualités qui feront de nous des gens bien ! Il ne suffit pas de lancer en partage sur Facebook de grands messages de solidarité ou de compassion : il est désormais important d'apprendre à ne plus se disputer pour des riens avec sa compagne ou son compagnon, ou de donner le temps à une relation de se développer sans céder immédiatement à la tentation de la table rase.

On dit qu'il faut vingt et un jours pour ancrer quelque chose de nouveau en soi – dans son esprit, dans son cerveau. Il faudrait donc plusieurs semaines pour réussir à introduire dans nos vies quelqu'un, et pour commencer à s'attacher à cette personne. Les neurosciences ont montré que tous les changements de notre esprit se traduisent en signaux dans les neurones du cerveau, qui sont nos cellules cérébrales.

De surcroît, on sait désormais que certaines méthodes de développement personnel comme les thérapies, mais aussi la méditation, réussissent avec le temps à modifier durablement certaines organisations cérébrales. On peut ainsi changer nos chemins de pensée, c'est-à-dire éduquer notre esprit pour lui épargner du stress et de la souffrance, mais aussi pour qu'il développe des qualités de bienveillance et d'altruisme. Libre à nous de choisir, soit de nous laisser mener par le débordement de nos émotions, soit de faire le choix de s'éduquer à ne plus stresser inutilement et à développer des qualités qui nous importent. Au même titre, libre à nous d'apprendre à nous aimer en donnant au corps, et au cerveau en particulier, le temps nécessaire pour laisser à la flamme la possibilité de naître.

J'invite chacun à mener sa propre introspection. Quelle a été à ce jour ma conduite amoureuse ? Quel est mon comportement envers ceux avec qui j'ai des relations intimes ? Comment ai-je agi lors de mes rencontres amoureuses ? Suis-je un homme ou une femme *bien* ?

Il est de notre responsabilité individuelle d'être cohérents dans l'intimité avec les valeurs que nous défendons haut et fort à l'extérieur. Puisque nous marchons unis, interrogeons-nous sur la sincérité de notre démarche intime. De même que nous nous sentons responsables de la planète et que nous commençons à agir concrètement en ce sens, chacun multipliant les gestes écoresponsables dans son quotidien, je nous invite à œuvrer aussi pour l'amélioration de nos relations affectives, cette fois dans le cadre d'une forme « d'*ego*-responsabilité[1] » : avec calme, persévérance, éthique, bienveillance et patience. Nous pourrions par exemple commencer par apprendre : à écouter l'autre, à devenir loyal, à améliorer nos niveaux de tolérance, à exprimer nos sentiments positifs, à refuser de nous

1. Ce terme m'a été soufflé, lors d'un déjeuner autour de ce livre en devenir, par mon éditeur Paul Garapon. Je lui vole sa trouvaille et le remercie de sa confiance.

inscrire sans cesse dans le reproche, à travailler sur nous avant de demander à l'autre d'évoluer.

Soyons solides à deux pour créer ensuite tous ensemble une vraie chaîne solidaire et puissante à l'échelle de nos villes, de nos sociétés, voire de notre planète.

18

Éthique

Il existe bien une éthique de l'amour. La relation à deux n'est pas un produit de consommation, elle n'est pas non plus un divertissement. Notre attitude n'est pas sans conséquence sur l'autre, car l'autre n'est pas neutre, sans émotion, sans ressenti. La force de la relation à deux réside précisément dans cette intrication entre deux êtres interdépendants à chaque instant.

En amour, certains comportements peuvent s'apparenter à une forme de maltraitance humaine. L'autre ne se « consomme » pas impunément, sans conséquences pour cet(te) autre, mais aussi pour soi-même. Quel genre d'homme ou de femme souhaitons-nous être ? Éthiquement parlant, j'entends : quel comportement souhaitons-nous avoir vis-à-vis de la planète, des animaux, de nos semblables, de nos parents, de nos enfants, de nos amis et *a fortiori* de nos conjoints ? Peut-on s'afficher solidaire au-dehors, tout en restant imbuvable à la maison ? Il est, hélas, aisé de se transformer en une sorte de bourreau affectif : il suffit de se laisser dominer par des émotions mal gérées, des pulsions de l'ego dévorantes, ou encore de se laisser gagner par le froid jusqu'à devenir cynique ou intouchable.

Nous sommes tous responsables de nos comportements. Au volant, sur la route, plus personne n'en doute, mais au cœur de notre relation amoureuse, en dehors du cas particulier de la violence (que l'on s'accorde majoritairement à juger intolérable), qui se reconnaît comme l'auteur d'actes de harcèlement, qui admet que l'indifférence qu'il fait subir est une cruauté ? Où commence l'abus de faiblesse ? Est-il convenable de revendiquer un manque d'empathie ? Dans nos relations affectives, sommes-nous autorisés plus qu'ailleurs à nous montrer tyranniques, violents, injustes, colériques, menaçants, manipulateurs, froids, mutiques, accusateurs, cruels, autoritaires, suspicieux ? Ce que l'on ne souhaiterait pas subir ou que l'on se refuserait à imposer dans nos relations amicales ou professionnelles, est-il logique de les faire subir à son entourage proche ?

Nier les conséquences de nos actes ou ressentir une forme d'indifférence face à la souffrance dont nous sommes responsables, relève d'une attitude inhumaine et irresponsable, que ce comportement incriminable se manifeste dans la rue, au travail, en famille ou dans nos relations amoureuses.

Et l'éthique de nos conduites amoureuses commence dès la façon dont nous abordons le premier rendez-vous, au moment même de la rencontre ! Aujourd'hui, nous assistons à la prise de conscience générale et à la mobilisation pour la protection des droits des animaux, comme en témoignent les murs de nos réseaux sociaux. Nous avons décidé de leur reconnaître des droits et de nous donner des devoirs vis-à-vis d'eux ; les animaux sont enfin considérés comme des êtres sensibles – et c'est heureux. Nous en avons aussi fini avec la fessée ; la plupart d'entre nous savons que c'est un acte répréhensible et des discussions vont bon train pour la rendre illégale – on peut aussi s'en féliciter !

En revanche, aucun code de bonne conduite n'existe pour la rencontre amoureuse : chacun y va de son improvisation en fonction de ses scrupules propres. Et pourtant, la personne que l'on a rencontrée hier, qui nous a peut-être dit clairement qu'elle ne cherche que l'amour, qui l'a peut-être même écrit sur son profil dans une application de rencontre, cette personne qui dit haut et fort : « Je recherche une relation stable », avec laquelle vous avez peut-être passé la nuit en sachant pertinemment que ça s'arrêterait là, cette personne-là est aussi un être sensible comme les animaux, comme les enfants !

Comment a-t-on pu en arriver à « consommer » de l'autre comme un vulgaire produit, sans que cela ne nous pose problème ? Comment a-t-on pu proposer des sites de rencontres où seuls les hommes payent[1], sans que cela ne choque personne, sans qu'aucune féministe ne se soulève ? Ce choix sexiste sous-entend – comme dans n'importe quelle boîte de nuit ou club échangiste – que les femmes ne sont que des « marchandises » à proposer et qu'il faut donc les attirer en nombre suffisant, coûte que coûte. Comment se fait-il que les sites de rencontre, qui attirent beaucoup moins de femmes que d'hommes[2], fabriquent en toute impunité un marché de la relation amoureuse où les femmes sont d'emblée trompées sur l'intention du site ? Comment ces sites peuvent-ils utiliser l'amour comme argument publicitaire, alors que leur modèle économique repose exclusivement sur le zapping affectif, et qu'ils n'ont aucun intérêt à ce que vous trouviez l'amour ?

Souvent, après une rencontre sans lendemain, j'entends dire qu'« on était entre adultes consentants » : mais comment être réellement consentant quand l'autre n'affiche pas clairement ses intentions réelles ? Où commence la manipulation de l'autre ? Combien de jeunes femmes choisiraient d'avoir une relation d'un soir si elles savaient par avance qu'il n'y aurait pas de

1. En dehors des femmes qui ont dépassé la quarantaine, que l'on fait payer comme une marchandise périmée.

2. Même si ces sites ne communiquent pas sur ce point noir, on estime en moyenne 80 % d'hommes pour 20 % de femmes…

réponse à leur SMS le lendemain ? Serait-il aussi simple d'être un tombeur si l'on jouait franc-jeu dès le départ ? Et ceci est également valable pour certaines femmes qui disent ne pas chercher de relations stables mais se transforment en harpie le lendemain quand l'autre se sauve au petit matin ! Éthique personnelle et loyauté vis-à-vis de l'autre !

Ce manque d'éthique se poursuit dans la vie de certains couples. Votre conjoint, celui ou celle qui vit à vos côtés et auquel vous assénez parfois des reproches ; ou cet autre, que vous tenez parfois dans vos bras et avec qui il vous arrive d'autres fois d'avoir des altercations si violentes verbalement – et parfois même physiquement –, que le lendemain vous vous faites honte ; bref, cet autre avec qui vous partagez des moments d'intimité au nom de l'amour, est aussi un être sensible, tout comme vous ! Peut-on parler mal à ceux que l'on aime, peut-on parler mal à un autre, quel qu'il soit ? L'insulte qui me choque au coin de la rue et pour laquelle je serais prête à convoquer la police, ou à demander justice, pourquoi aurait-elle droit de cité quand je referme la porte sur notre intimité ?

Notre attitude amoureuse nécessite une prise de conscience et une interrogation sur nos comportements, car aimer ne va pas de soi : cela demande d'y travailler. Est-ce que je me conduis bien ? Suis-je fier(ère) de mon attitude ? Ou, à l'inverse, qu'est-ce qui me fait honte dans les mots que je prononce, les gestes que je fais ?

Mais, bien entendu, il est tout à fait impossible de légiférer sur tout : nos responsabilités sont parfois individuelles. Au sein de nos foyers ou de nos rencontres, libre à nous d'opter pour telle ou telle attitude. Si les émotions nous dépassent, c'est à nous seuls d'apprendre à les gérer, d'effectuer un travail sur nous-mêmes afin de n'être ni nuisibles, ni toxiques. À partir du moment où je te rencontre dans le cadre d'une relation dite affective, mon comportement doit être adapté, je dois éviter d'être maltraitant psychologiquement, je me dois de me conduire avec éthique et loyauté.

Alors, pour quelle éthique de la relation amoureuse doit-on opter ? Le *care* est une philosophie américaine qui s'axe sur le soin de l'autre. *To care about* signifie en anglais : prendre soin de. Chaque relation avec quiconque – a fortiori en tête-à-tête – exige que nous agissions avec le souci de prendre soin de l'autre. Inspirons-nous de cette philosophie[1].

Mais comment être respectueux si l'on ne se questionne pas sur le ressenti de l'autre ? En général, il suffit d'interroger l'autre, puis de tenir compte de sa réponse. Par exemple, si, lors d'un premier rendez-vous de type Tinder, la majorité des garçons demandaient aux filles

1. Je me permets de renvoyer à mon ouvrage : *Je prends soin de mon couple*, Paris, Puf, « Psychoguides », 2013.

ce qu'elles cherchent et si une grande majorité d'entre elles s'autorisaient à être sincères, elles répondraient le plus souvent : « Je cherche une vraie relation de couple ». Ainsi, même si le désir sexuel est présent, on peut imaginer que tout jeune homme ne souhaitant pas la même chose lui dirait alors : « Je suis désolé, mais ce n'est pas ce que je peux t'offrir ; en revanche, je ferais bien l'amour avec toi ce soir ». Si l'on y réfléchit, tout autre comportement procède déjà d'une légère manipulation, voire d'un abus, quand le mensonge accompagne l'attitude.

Les tableaux de chasse de certains seraient moins remplis s'ils étaient sincères avec eux-mêmes et avec leurs rencontres. Je vais plus loin – au risque de contrarier certains : quand vous faites l'amour avec une jeune femme, que vous savez pertinemment ne pas souhaiter une relation durable et que vous n'en êtes pas à votre première rencontre sans lendemain, alors qu'elle a exprimé clairement ne rechercher que des relations sérieuses, vous êtes déjà en train d'abuser d'elle.

Mon peu de tolérance à cet égard n'exclut pas les femmes. J'ai parlé des femmes qui semblent assumer la relation d'un soir sans lendemain, mais cachent leur envie de plus. Là encore, il y a manipulation. C'est un peu comme faire rentrer des boîtes rondes dans des boites carrées : inutile d'attendre de l'autre ce qu'il ne peut pas vous donner à un temps *t*.

Dans le couple établi au quotidien, l'éthique peut concerner la clarté de nos relations avec nos ex, par exemple. Décider de lever toute ambiguïté – même si l'on se dit que l'autre n'en sait rien – est essentiel : d'abord pour son éthique personnelle, ensuite pour s'inscrire dans une démarche loyale vis-à-vis de l'autre. Au même titre, ne pas infliger à l'autre des torrents de reproches injustes peut être une règle d'éthique personnelle. Ainsi, mon refus de participer à la fameuse « scène de ménage » – parfois présentée comme inévitable, voire salvatrice, ou, pire encore, génératrice d'un regain de libido – témoigne d'une attitude éthique. En privilégiant une communication non violente, on évite des débordements émotionnels outranciers et des paroles irréfléchies et blessantes. Les couples qui refusent de se laisser aller à la scène de ménage constatent une nette amélioration de la qualité de leur relation, car l'attitude éthique réciproque constitue l'une des clés de la réussite en amour.

19

Curiosité

Qui es-tu ? Qui suis-je ?

Le secret de l'amour d'un autre réside en grande partie dans notre capacité à être curieux des autres. Il peut être passionnant d'aller à la découverte des autres êtres humains, comme l'on va à la rencontre des animaux ou des paysages inconnus : par pure curiosité. Mais, au même titre que nos voyages organisés sont le plus souvent centrés autour d'une image toute faite du pays, ou que les zoos ou les réserves ne fournissent qu'une vision erronée de la vie animale, je vous encourage à chercher dans la profondeur de l'autre, à tenter de mettre en évidence son authenticité.

Mes quelques années d'expérience de consultations psy m'ont appris qu'il n'existe pas de personne inintéressante – à moins qu'elles évitent de me consulter. Même quand, au premier abord, je crains de ne pas avoir de *feeling* avec quelqu'un – cela pouvait m'arriver dans mes débuts –, je sais désormais que plus je m'emploierai à découvrir la planète de l'autre, plus j'irai de surprise agréable en découverte étonnante et – cerise sur le gâteau – plus j'apprendrai sur moi-même. La connaissance progressive de soi et des autres est une aventure passionnante.

En amour, c'est exactement la même chose. L'époque nous incite à rester à la surface des choses : rencontre éclair et jugement hâtif autour d'un simple verre, consommation sexuelle rapide et ponctuelle, peau à peau limité, communication numérique, zapping consommateur encouragé. Nos besoins d'immédiateté ne souffrent pas que l'on prenne le temps d'éplucher les différentes couches de la personnalité de l'autre jusqu'à découvrir le cœur de sa personnalité, voire, parfois, l'aider à émerger. Nous nous rencontrons en surface ; nous n'avons plus, semble-t-il, ni plaisir à persévérer, ni foi en vouloir comprendre, ni curiosité à être enseignés sur nous-mêmes par notre relation à l'autre.

Qui s'interroge sur la profondeur de l'écoute qu'il offre, sur le temps qu'il consacre à une relation, sur la qualité de sa concentration ?

Les autres gagnent à être connus. Il se peut que celui ou celle qui est à vos côtés, ou que vous avez croisé le temps d'une « *date* » il y a quelques jours, soit en fait totalement différent de ce que vous en avez perçu. Je dirais même : non seulement « il se peut que », mais « il est certain que ».

Comment se fait-il que l'on soit si peu curieux, que l'on ait si peu envie de sortir des sentiers battus, de partir à l'aventure de l'autre ? Pourquoi sommes-nous si décontenancés quand l'autre n'est pas comme on l'avait projeté ou fantasmé ? En tout, nous cherchons à garder le contrôle ; nous n'aimons sans doute pas tant les surprises. Notre curiosité est ruinée par notre besoin de vivre une vie idéalisée, répondant à certains critères sur lesquels nous ne voulons pas céder. L'exigence et les aprioris nous dictent nos existences.

Nous nous croyons libres : nous sommes en vérité englués dans des idées toutes faites, éditées par d'autres que nous : les médias, les séries télé, les publicités. En aucun cas nous ne savons réellement ce qu'il nous faut, et nos certitudes ne sont le plus souvent que des pistes erronées. La crainte de la surprise provient de la peur de se laisser envahir par une émotion ingérable : la frustration.

Il suffit de regarder les parents et leurs enfants dans l'épreuve des courses au supermarché – beaucoup évitent de faire des courses avec leurs enfants, tant ils deviennent ingérables. Les enfants ne peuvent plus canaliser leurs émotions, poussés qu'ils sont par le désir de consommation. Ils trépignent, hurlent, pleurent et souffrent. Les parents font diversion, calment le jeu ou opposent un refus souvent très mou. Quand ils sont exaspérés, certains sévissent, mais davantage pour faire cesser les regards accusateurs des autres personnes que pour régler le problème. Combien de parents peuvent parcourir sans difficulté les rayons du supermarché – rayons jouets, pâtisseries et bonbons y compris – sans risquer une colère ingérable de leurs enfants ?

Nous n'éduquons plus nos enfants à gérer les frustrations, nous ne leur apprenons plus à relativiser leurs émotions, qu'elles soient positives ou négatives. Ce sont ces mêmes enfants qui font les adultes d'aujourd'hui, et, jugée à l'aune des applications de rencontres, la relation affective n'est pas très différente d'une balade dans les rayons jouets d'un volumineux supermarché : comment choisir, comment ne pas se lasser, comment ne pas comparer son jouet avec celui du voisin, et enfin, comment ne pas être déçu, une fois la boîte ouverte ?

La curiosité est la qualité qui nous protège de l'ennui et de la lassitude. Elle nous enrichit en nous ouvrant des horizons immenses même là où nos relations nous semblent délimiter des espaces minuscules. Elle va de pair avec le temps, la durée et la concentration, en ce sens qu'elle nous invite à déplier notre connaissance de l'autre comme un jeu que l'on explorerait dans les moindres détails. Il ne s'agirait plus de percevoir l'autre comme dans un jeu vidéo dont les gagnants arrivent le plus tôt à la fin, mais comme un univers tout entier dont il faut explorer les moindres recoins. Le but n'est pas d'accumuler des *miles*, mais d'explorer l'immensité du minuscule.

En 1996, le documentaire *Microcosmos* a réussi à passionner trois millions et demi de spectateurs sur le thème de l'infiniment petit. Les livres de Bernard Werber sur l'univers des fourmis ont également passionné des millions de lecteurs. Les deux projets visent à déplier l'espace et le temps pour nous ouvrir à l'immensité de l'infiniment petit. Soyons curieux de l'autre de notre couple comme des explorateurs attentionnés de l'infiniment petit.

Si on veut la développer, la curiosité invite à prendre le temps, à se concentrer, à ralentir et à résister aux sirènes de l'urgence et de l'immédiateté pour retrouver du plaisir à explorer, à découvrir et à apprendre. Cela s'accompagne d'une forme de confiance et de bienveillance, car il est plus facile d'explorer quelque chose ou quelqu'un quand on sait qu'il y a quelques trésors à y trouver et que l'on est convaincu du bénéfice à en tirer pour soi aussi. La curiosité, ça se travaille, comme l'altérité, comme la confiance, comme la bienveillance : tout se tient et se résume dans les notions de concentration, de profondeur et de calme.

Il existe des techniques pour travailler notre accès à ces valeurs. Elles se nomment : méditation de pleine conscience, développement personnel, yoga. Dans une époque qui fait exploser nos rythmes biologiques et qui érige la notion d'urgence comme un fait, nous n'avons d'autre ressource pour aller mieux que de faire le choix individuel de nous recentrer sur des essentiels et de reprendre contact avec nous-même. Se centrer sur le souffle, sur ce mouvement incessant de la vie à travers nous, sans cesse présent et sans cesse changeant, nous permet de développer nos capacités de concentration.

De plus en plus d'enfants sont diagnostiqués hyperactifs et semblent souffrir de troubles de l'attention. Il est clair que le lien entre sur-stimulations et surconsommation numériques est en partie responsable de ces troubles. Nos connaissances sont atomisées, réduites à la somme d'une multitude de petits fragments, ce qui n'invite guère à une pensée déductive et construite. Un travail individuel mais aussi communautaire de réapprentissage de la concentration est chaque jour plus indispensable.

Nous nous trouvons face à l'urgence de mettre en place une forme d'hygiène de vie psychologique pour réussir, sans renier les nouvelles technologies mais en les utilisant avec sobriété, à garder un sens à nos vies et en particulier à notre désir de vivre ensemble. Là où il y a quelques années encore nous n'avions pas besoin d'apprentissage puisque notre environnement familial et culturel s'en chargeait, il s'agit aujourd'hui d'identifier les manques de repères et d'organiser un apprentissage du lien, afin de retrouver le goût confiant de l'autre. La recette passe, je le crois, par une démarche volontaire de modération.

Responsabilité Lenteur
Calme
Slow
Modération
Persévérance
Ethique Slow
Respect Persévérance
Altérité Calme Amour
Slow Respect Altérité Sens
Ethique
Ethique Respect
Lenteur Amour
Calme Bienveillance
Responsabilité Amour
Sens Amour Slow
Bienveillance Altérité
Bienveillance
Responsabilité Persévérance

20

Modération

La modération n'est pas la résignation, mais le choix de limiter en conscience sa consommation dans le but d'un idéal plus solidaire, plus éthique et plus beau. À la clé, plus de bien-être, plus de bonheur, plus de simplicité joyeuse.

En amour, c'est la même chose. Il est peut-être l'heure de prôner un usage responsable des applications et des sites de rencontre. Nous pourrions par exemple modérer l'offre afin d'éviter de créer l'illusion d'une source intarissable de personnes à rencontrer. Des applications telles que Tinder semblent indiquer que multiplier de manière effrénée les relations est une norme, puisque de telles applications accessibles par tous en servent la cause. Ce n'est pas sans conséquences. Jusque-là, les valeurs liées à la monogamie apprenaient aux hommes comme aux femmes à contrôler certaines pulsions, afin de se comporter correctement dans une société dotée d'un horizon d'attente de respect et d'égalité.

Aujourd'hui, les jeunes hommes en particulier (mais les jeunes femmes ne sont pas non plus hors de cause…) se trouvent autorisés de fait à échafauder des tableaux de chasse plus ou moins déguisés, plus ou moins conscients. Leur pulsion de cumuler les aventures et les rencontres n'est plus contrecarrée par rien : de l'offre pléthorique de pornographie en accès libre jusqu'aux systèmes de choix proposés par les applications de rencontre, tout semble les encourager à laisser s'exprimer leur désir de multiplier les aventures et les rencontres. Là où, il y a dix ans à peine, la rencontre revêtait encore un caractère de rareté, elle se banalise aujourd'hui, tant elle devient aisée. Inutile de prendre le risque de draguer, c'est-à-dire de se retrouver face à quelqu'un qui ne reçoit pas la proposition comme on le souhaite : le « oui » est presque tacite, car plus personne ne peut ignorer les intentions de l'autre.

Par ailleurs, l'offre de relations, qui semble infinie et pléthorique, n'invite pas à la patience et à la lenteur, mais à une exploration immédiate, rapide et en quantité : alors qu'hier, la quête amoureuse poussait à chercher la perle rare, aujourd'hui, il s'agit plutôt de trouver une épingle dans une botte de foin. Quelle difficulté ! Tout en est changé.

Laissez-moi vous raconter ce que nous avons trouvé chez mon père après son décès, à quatre-vingt-six ans. Dans sa chambre, il y avait une petite mallette de carton contenant des dizaines de photos de jeunes femmes, toutes datées au dos entre 1945 et 1950. Cinq années de la vie de mon père où manifestement, il a eu beaucoup d'amies ; les petits mots de certaines des prétendantes, les poses lascives d'autres, le dénuement de quelques-unes, ne laissaient aucun doute sur le caractère de leurs relations. Pendant cette période, mon père avait donc demandé à chacune d'elles une photo comme trophée, et il les a conservées précieusement jusqu'à sa mort. Cette collection de trophées dissimulés aux femmes qui l'ont accompagné dans sa vie ensuite, elle l'a suivi tout au long de son existence, au fil des déménagements ; et il n'a jamais décidé de la jeter.

Collectionner les aventures, surtout pour un homme, n'est donc pas un sport récent : c'est juste l'échelle qui semble avoir changé. Ce goût immodéré de la plupart des hommes pour des conquêtes à répétition existe depuis la nuit des temps, et certains pays sont d'ailleurs encore polygames. On comprend à travers cette anecdote la puissance de ce désir. Mais mon père avait aussi conscience que cette période de séduction n'était qu'une parenthèse ou un préalable, et qu'un jour, il porterait son choix sur une femme qui le choisirait également pour fonder un foyer. Ce qu'ils ont fait, ma mère et lui.

Aujourd'hui, les jeunes hommes ont parfois le sentiment de disposer d'un outil dédié au papillonnage. Ils s'interrogent donc moins sur leur conduite. Nous assistons alors à une modification importante du paradigme de la conquête amoureuse. Il ne s'agit plus de déployer des talents inouïs pour séduire une fille, mais de faire son marché à partir d'une application. On en arrive au point que nombre de jeunes femmes racontent se sentir coupables d'attendre autre chose d'une rencontre qu'une aventure d'un soir. Les jeunes hommes les accusent fréquemment de leur mettre la pression, en souhaitant envisager une vie de couple, voire – un comble, non ? – en avouant le projet de fonder une famille (pour les plus courageuses d'entre elles). Or, on n'oubliera pas ici qu'entre vingt-cinq et quarante ans, le cours naturel de la vie nous invite à faire des enfants et à les élever !

La banalisation et la facilitation de la rencontre autorisent finalement les garçons à se dédouaner et à différer le projet de vie adulte parce qu'ils ne s'y sentent pas près, sans tenir aucun compte des contraintes de l'horloge biologique des femmes. Mais sommes-nous réellement prêts un jour à nous mettre en couple et à avoir des enfants ? La réponse est : non. La vie nécessite de se lancer dans certaines aventures sans y être préparé : c'est même la définition d'une aventure, n'est-ce pas ?

L'accélération des modes de rencontre provoque donc une certaine désolidarisation entre les désirs des hommes et les nécessités des femmes. On n'a jamais fait des enfants si tard. L'âge moyen des grossesses ne cesse d'augmenter pour atteindre récemment trente et un ans en France et dans les pays nordiques, alors que la fertilité féminine décroît après trente-cinq ans et devient très faible à partir de quarante ans. À force de consommer, on met en péril la natalité de nos pays, et l'on pousse les deux sexes à ne pas envisager l'avenir de la même façon.

Et personne ne semble avoir conscience du déséquilibre qui s'installe. Les garçons continuent à rencontrer sans se réfréner tandis que les filles cherchent désespérément l'amour pour fonder une famille. On repousse la limite du début du couple. Là où nos parents étaient en couple au premier baiser, actuellement, même une relation sexuelle plus ou moins répetée et fréquente n'est pas le signe d'une mise en couple… Les garçons se trouvent finalement en position d'abuser des filles, sans même en avoir conscience.

Le désespoir, l'incompréhension et le mensonge entre les sexes n'ont que rarement été aussi forts. Nous fonçons dans le mur, du moins du côté de l'amour et de la famille. De plus en plus d'enfants sont conçus rapidement après la rencontre des couples, faute de temps suffisant avant le couperet biologique, là où ma génération, celle des cinquantenaires aujourd'hui, avait près de six à dix ans de vie commune avant de devenir parents. La conséquence sera immanquablement que les couples risquent de se tromper plus fréquemment, et donc de se séparer prématurément, de sorte que des femmes en nombre toujours plus grand vont être amenées à élever plus ou moins seules un enfant car même si la garde partagée progresse, elle n'est pas encore si fréquente.

Nous pouvons voir, ici encore, une forme d'inégalité homme/femme. C'est essentiellement aux jeunes hommes d'en prendre conscience et de faire le travail nécessaire pour prendre leur part de responsabilités dans la création d'un foyer et, à terme, d'un modèle de société. Car, si de plus en plus de jeunes hommes ne se sentent plus concernés par leur rôle de père, et préfèrent l'insouciance d'un papillonnage affectif aux risques de la vie d'adulte, ceux que les psys ont coutume d'appeler les Peter Pan décideront unilatéralement de faire évoluer notre société vers des inégalités homme/femme d'un autre temps.

Par ailleurs, je ne suis pas certaine qu'ils y trouvent une si grande richesse d'existence, et je crains que cette fuite en avant ne les laisse désabusés. Écourter sa phase de consommation de relations afin de fonder une famille pendant qu'il en est encore temps pour les femmes de leur âge, préserve aussi un équilibre indispensable à notre société : on peut y voir un but en soi. Il nous faut donc réfléchir à une forme modérée de la consommation des relations amoureuses, c'est-à-dire à une forme de rencontre ego-responsable, que pourra sans doute nous offrir une nouvelle génération d'applications de rencontre. L'idée de base : devenir à travers notre relation d'amour *quelqu'un de bien*.

Ralentir sa consommation affective, c'est par exemple opter pour ne *swiper* qu'un nombre réduit de profils par jour, ou accepter de ralentir le rythme de l'offre, ou encore s'astreindre à donner plus d'attention dans la durée à nos rencontres. Une autre piste pour aller réellement à la rencontre de l'autre serait de se consacrer à une rencontre à la fois, ou de décider d'un délai de latence entre deux rencontres, pour mieux prendre la mesure des uns et des autres. On peut réfléchir à afficher dans son profil des garanties d'attention, comme un certificat de qualité de la relation que l'on propose d'offrir.

En bref, il s'agit de devenir conscient de l'interaction obligatoire que la relation suscite.

21
Sens

Il y a dans l'amour de l'autre, et *a fortiori* dans le projet du couple, une voie de spiritualité. Nous y trouvons une raison d'être et de devenir. Il s'y joue pour chacun le désir que nous avons d'être cet homme-là ou cette femme-là. Il y réside un sens à notre vie et un accomplissement dans la qualité du lien que nous entretenons aux autres : l'échelle du deux est le début du sens de la vie.

Oui, tout mettre en œuvre pour que nos relations de couple soient de qualité accroît notre niveau d'humanité. Il s'agit d'être le meilleur humain possible. Utiliser ensemble nos intelligences, nos compétences et nos outils pour améliorer la qualité de nos vies et de celles de nos proches, constitue un chemin de spiritualité qui donne tout son sens à nos vies minuscules. Il existe un sens profond à tenter de tout mettre en œuvre pour essayer de vivre au mieux notre relation à l'autre. Certes, nous échouerons peut-être ici et là; certes, l'époque n'est plus à promettre des « toujours » à n'importe quel prix; mais tenter une forme de durabilité, se dire que l'on a injecté de la qualité à chaque étape de la constitution d'une relation, rester vigilant en essayant jour après jour de s'améliorer : voilà qui suffit à nous rendre fiers et heureux de nous-mêmes.

À l'heure de la prise de conscience individuelle de notre impact sur l'environnement, à l'heure de la remise en cause de la loi du tout-marché, à l'heure des interrogations que soulève la montée de la barbarie dans le monde, mener une réflexion sur les conséquences de la qualité de nos liens d'amour m'apparaît comme chargé de sens.

Je ne vois pas d'autre sens à nos vies individuelles que le désir de tisser une toile de liens de qualité, pour que l'humanité s'améliore, que le bien-être de chacun soit notre projet. La cellule de base du deux, c'est-à-dire le couple, reste le laboratoire du sens de notre vie, la structure fondamentale d'une société solide et la raison d'être d'un questionnement sur l'amour qui nous agite notre vie durant. Le projet de l'amour à deux n'est pas encore abouti, il nous reste à l'écrire jour après jour : y renoncer, ce serait s'avouer humainement vaincu.

Pour conclure

Le projet d'amour durable, c'est-à-dire de la fin de l'obsolescence programmée des couples, se situe immanquablement dans le cadre de ce que l'on a nommé notre « *ego*-responsabilité ». Pour réussir ensemble, il s'agit d'œuvrer volontairement, et le plus souvent individuellement, pour de nouvelles ambitions affectives, telles que : la recherche permanente du respect réciproque, la passion de l'altérité, le souci de pérennité, l'acceptation simple d'un quotidien routinier, voire d'une certaine banalité heureuse.

Ajoutons à cette palette le choix d'une fidélité responsable qui ferait que l'on se soucie jour après jour d'autogérer son propre désir pour le mettre au service du projet commun, et aussi d'accepter les renoncements nécessaires à la relation à deux. Qu'il s'agisse de l'échelle du couple ou de celle de la société, il n'y a pas d'amour de l'autre sans un engagement solidaire, soutenu par une confiance sans cesse renouvelée et une mise en place de choix de vie conscientisés.

Je le crois, la préservation de l'amour au XXIe siècle dépendra à coup sûr de notre capacité à modérer volontairement nos ardeurs numériques, et elle n'échappera pas non plus, comme toujours, à un investissement de soi illimité.

Table

Cet ouvrage a été composé par IGS-CP (16)
à L'Isle-d'Espagnac

Imprimé en France
par la Nouvelle Imprimerie Laballery
rue Louis Blériot 58500 Clamecy
septembre 2016 - N° 609012

La Nouvelle Imprimerie Laballery est titulaire de la marque Imprim'Vert®